MEINE FRÜHLINGS-KÜCHE

Frisch, leicht und lecker

HINWEISE ZUM BUCH

Backofentemperaturen: Die Backofentemperaturen in diesem Buch beziehen sich auf einen Elektroherd mit Ober- und Unterhitze. Falls Sie mit Umluft arbeiten, reduziert sich die Temperatur um 20 °C. Wenn nicht anders angegeben, wird immer die mittlere Einschubleiste des Backofens verwendet.
Pfeffer: Mit der Zutat „Pfeffer" ist immer frisch gemahlener schwarzer Pfeffer aus der Mühle gemeint.
Quicheform: Wenn nicht extra angegeben, werden Quiches und Tartes mit einem Durchmesser von 26 cm gebacken.

ABKÜRZUNGEN

ca. = circa	kJ = Kilojoule
cl = Zentiliter	l = Liter
cm = Zentimeter	Min. = Minuten
El = Esslöffel	ml = Milliliter
FP = Fertigprodukt	Std. = Stunde
g = Gramm	TK = Tiefkühlprodukt
kcal = Kilokalorien	Tl = Teelöffel
kg = Kilogramm	Ø = Durchmesser

BILDNACHWEIS

TEXTE

Einleitung:
Christina Kuhn

Rezepte:
Guido Gravelius (S. 8, 9, 30, 39, 44, 91), Sabine Durdel-Hoffmann, Elke Eßmann, Brigitte Lotz (S. 10), © StockFood / News Life Media (S. 12), Christina Wiedemann (S. 16, 32, 48, 49, 61, 72, 73, 78, 92), Rapahel Pranschke (S. 13, 89), Anne Peters (S. 17, 56), Marie Gründel (S. 18, 19), Jutta Gay (S. 23, 29, 42), Sophie Bromberg (S. 24), Katja Briol (S. 26, 33, 41, 50, 58, 59, 60, 70, 82, 83, 86, 88, 94), Nina Engels (S. 34, 69, 81), Anna Walz (S. 47), Simone Filipowsky (S. 54, 74), Verlagsarchiv (alle übrigen)

FOTOS

Irina Gilgen (S. 5, 6, 7), Kay Johannsen (S. 8, 9, 31, 38, 44, 54, 75, 90), TLC Fotostudio (S. 3 Mitte, 10, 11, 14, 17, 18, 19, 21, 24, 25, 32, 35, 40, 45, 53, 55, 57, 61, 63, 64, 67, 68, 72, 79, 80, 85), © StockFood / News Life Media (S. 12), Maria Brinkop (S. 16, 73, 92), Rapahel Pranschke, Lukas Kotremba (S. 13, 89), Studio Klaus Arras; Mitarbeit: Katja Briol (S. 3 links, 22, 28, 37, 59, 60, 71,77, 78, 87), Studio Klaus Arras (S. 3 rechts, 27, 33, 41, 43, 48, 49, 51, 58, 82, 83, 88, 93, 95), Manuela Rüther (S. 46)

ILLUSTRATIONEN

stock.adobe.com: © fireflamenco (Blumen), © kupalina (Blüten, Blätter), © moleskostudio (Blumen, Blätter, Vogel, Herzen)
Designed by Freepik (Pfeile)

INHALT

WINTER ADE!

Wenn die Tage wieder länger und die Temperaturen milder werden, genießen wir die ersten Sonnenstrahlen und die aufblühende Natur. Und das spiegelt sich natürlich auch auf unseren Tellern wider. Tschüss deftige Wintergerichte, hallo frische, leichte Frühlingsküche!

Endlich können wir wieder aus dem Vollen schöpfen – knackige Salate, aromatische Kräuter, erstes zartes Frühlingsgemüse und süßes Obst kommen auf den Markt und bringen frischen Wind in unseren Kochalltag. Farbenfroh und mit einer Extraportion Vitaminen vertreiben unsere Rezepte den Winterblues. Welche Zutaten jetzt neue Energie und gute Laune in unser Leben zaubern, verrät unser praktischer Saisonkalender.

Gemüse, Salate und Obst – saisonal & köstlich

Gemüse	Salat	Obst
Artischocken	Chicorée	Erdbeeren
Auberginen	Eichblattsalat	Rhabarber
Chinakohl	Eisbergsalat	
Frühlingszwiebeln	Feldsalat	
Kohlrabi	Kopfsalat	
Mangold	Lollo Rosso	
Pastinaken	Löwenzahn	
Radieschen	Radicchio	
Rettich	Rucola	
Sellerie (Knolle)	Sauerampfer	
Spargel		
Spinat		
Weißkohl		
Wirsing		

TIPPS FÜR DEN
CHEMIEFREIEN FRÜHJAHRSPUTZ

Das Frühjahr ist traditionell die Zeit, in der man sich vornimmt, die Wohnung einmal komplett zu reinigen. Mit unseren Tipps und Tricks für eine frühlingsfrische Küche geht das wie im Handumdrehen – und das sogar ganz ohne chemische Reinigungsmittel, sondern nur mit Dingen, die Sie wahrscheinlich sowieso schon in Ihrer Küche finden. Wir zeigen Ihnen, wie Sie mit der übriggebliebenen Zitrone noch eben schnell den Kühlschrank reinigen, wie Sie mit einer Kartoffel ihr Spülbecken zum Glänzen bringen und was das Allzweckmittel Natron so alles kann. So wird Ihre Küche nicht nur mit wenig Aufwand sauber, sondern duftet anschließend auch noch herrlich frisch. Und ganz nebenbei schonen Sie dabei auch noch Ihren Geldbeutel und die Umwelt!

Kühlschrank natürlich reinigen

Kühlschränke sollten regelmäßig gereinigt werden (auch die Dichtungen), immerhin bewahren wir dort die Lebensmittel auf, die wir später verzehren wollen. Im Handel gibt es allerlei Putzmittel, die Wahl wird da zur Qual. Ganz natürlich können Sie Ihren Kühlschrank mit Zitronensaft säubern. Er reinigt, desinfiziert und sorgt für frischen Duft. Und das ganz ohne Chemie!

Backofen reinigen

Die hohen Temperaturen im Backofen sorgen nicht nur für gegartes Essen – sondern auch für eingebrannte Verkrustungen. Verrühren Sie Natron und Wasser zu gleichen Teilen zu einer Paste. Auf die Schmutzstellen auftragen, über Nacht eintrocknen lassen, mit einem Schwamm reinigen und mit klarem Wasser abspülen.

Gerüche neutralisieren

Es gibt Gerüche, die halten sich hartnäckig. Um diese zu neutralisieren, geben Sie etwas Backpulver oder Natron auf einen kleinen Teller und stellen ihn in den Kühlschrank. Nach einem Monat entsorgen und durch frisches Backpulver oder Natron ersetzen.

Strahlende Spülen

So schön Edelstahlspülen auch aussehen – schnell setzen sich hartnäckige (Kalk-)Flecken fest. Greifen Sie zu einer halbierten Kartoffel und reiben Sie damit die Spüle ab. Die Kartoffelstärke mit einem Handtuch abwischen – und schon glänzt die Spüle wie neu.

Natürlich reinigen

Verstopfter Abfluss? Einfach 4 Esslöffel Soda in den Abfluss geben, 100 ml weißen Essig daraufschütten und 2–3 Minuten warten. In dieser Zeit reagieren Soda und Essig, und weißer Schaum bildet sich. Anschließend mit heißem Wasser nachspülen – und der Abfluss ist ganz natürlich wieder frei!

FRÜHLINGSNUDELSALAT

mit Erbsenpesto

FÜR 4 PORTIONEN

Zutaten

400 g kleine kurze Nudeln
(z. B. Farfalle)
1 rote Zwiebel
3 El Olivenöl
200 g Erbsen (TK)
½ Bund Basilikum
3 Blätter Sauerampfer
100 ml Weißwein
1 El Zitronensaft
2 El fein geriebener Parmesan
Pfeffer
1 Bund grüner Spargel
3 Frühlingszwiebeln
Salz

Pro Portion ca. 528 kcal/2211 kJ,
20 g E, 11 g F, 81 g KH
Zubereitungszeit: ca. 40 Minuten
(plus Garzeit)

1. Die Nudeln nach Packungsangabe bissfest garen, durch ein Sieb abgießen und abtropfen lassen. Die Zwiebel schälen, halbieren und fein würfeln. In einer Pfanne 1 Esslöffel Olivenöl erhitzen und die Zwiebelwürfel darin glasig andünsten. Die Erbsen zugeben und etwa 2 Minuten mit andünsten. Die Hälfte der Erbsen in ein hohes Gefäß füllen, die restlichen in eine große Salatschüssel geben. Basilikum und Sauerampfer waschen und trocken schütteln. Das Basilikum von den Stängeln zupfen, die Sauerampferblätter fein schneiden. Den Weißwein, das restliche Olivenöl, den Zitronensaft, Basilikum, Sauerampfer und Parmesan in den Becher zu den Erbsen geben und mit dem Mixstab fein pürieren. Mit Salz und Pfeffer würzen.

2. Die holzigen unteren Enden des Spargels abschneiden und den Spargel schräg in etwa 3 cm lange Stücke schneiden. In kochendem Salzwasser bissfest garen und durch ein Sieb abgießen. Mit kaltem Wasser abschrecken und abtropfen lassen. Die Frühlingszwiebeln waschen, putzen und in feine Ringe schneiden. Nudeln, Spargel und Frühlingszwiebeln zu den Erbsen in die Salatschüssel geben. Das Erbsenpesto darübergeben und alles gut miteinander vermengen.

 **Salate, Suppen & Snacks**

SPITZKOHLSALAT

mit Radieschen und Brunnenkresse

FÜR 4 PORTIONEN

Zutaten

600 g Spitzkohl
1 Bund Radieschen
1 Bund Brunnenkresse
2 El Apfelessig
4 El Apfelsaft
3 El Sonnenblumenöl
Zucker
Salz
Pfeffer
2 El Sonnenblumenkerne
2 El fein geschnittener
Schnittlauch
2 Scheiben Bauernbrot
1 El Butter

*Pro Portion ca. 210 kcal/879 kJ,
7 g E, 12 g F, 18 g KH
Zubereitungszeit: ca. 20 Minuten*

1. Die äußeren Blätter des Spitzkohls entfernen. Den Spitzkohlkopf der Länge nach halbieren und den harten Strunk herausschneiden. Die Hälften in feine Streifen schneiden, waschen, abtropfen lassen und in eine Schüssel geben. Die Radieschen putzen, waschen und in feine Scheiben schneiden. Die Brunnenkresse verlesen, waschen und trocken schütteln. Radieschen und Brunnenkresse zum Spitzkohl geben.

2. Apfelessig, Apfelsaft und Öl zu einem Dressing verrühren und mit etwas Zucker, Salz und Pfeffer abschmecken. Den Spitzkohlsalat mit dem Dressing mischen. Die Sonnenblumenkerne in einer Pfanne ohne Fett goldbraun anrösten, kurz abkühlen lassen und mit dem Schnittlauch unter den Salat mengen.

3. Das Bauernbrot in Würfel schneiden. Die Butter in einer Pfanne zerlassen und die Brotwürfel darin anbraten. Mit etwas Salz würzen. Den Salat auf Tellern oder in Schalen anrichten und mit den Brotwürfeln bestreuen.

⁓ Salate, Suppen & Snacks ⁓

GARTEN-WILDKRÄUTER-SALAT
mit Cocktailtomaten
FÜR 4 PORTIONEN

Zutaten

2 Cocktailtomaten
1 kleine Salatgurke
120 g Rucola
40 g Löwenzahn
20 g Sauerampfer
3 große Bärlauchblätter
1 fein gehackte Schalotte
½ Tl Dijonsenf
3 El weißer Aceto balsamico
4 El Kürbiskernöl
1 Prise Zucker
Salz
Pfeffer

Pro Portion ca. 138 kcal/578 kJ,
2 g E, 10 g F, 3 g KH
Zubereitungszeit: ca. 15 Minuten

1. Die Cocktailtomaten waschen und vierteln. Die Gurke schälen und in Scheiben schneiden. Den Salat und die Kräuter verlesen, putzen bzw. waschen und trocken schütteln. Grob zerzupfen.

2. Die übrigen Zutaten zu einem Dressing verrühren, abschmecken und mit dem Salat mischen.

Salate, Suppen & Snacks

BUNTER SALAT

mit Pistaziendressing

FÜR 4 PORTIONEN

Zutaten

2 unbehandelte Zitronen
4 Frühlingszwiebeln
50 g gesalzene, geröstete
Pistazienkerne
1 Knoblauchzehe
120 ml Olivenöl
Salz
weißer Pfeffer
150 g Feldsalat
250 g Romanasalat
1 Bio-Gurke
100 g Möhren
250 g Artischockenherzen
(aus der Dose)

Pro Portion ca. 345 kcal/1444 kJ,
31 g E, 10 g F, 6 g KH
Zubereitungszeit: ca. 20 Minuten

1. Die Zitronen heiß abwaschen, trocknen, abreiben und 1 Teelöffel Abrieb abmessen. Anschließend auspressen und 4 Esslöffel Saft abmessen. Die Frühlingszwiebeln waschen, putzen und in feine Ringe schneiden. Die Pistazien hacken und die Knoblauchzehe schälen.

2. In einer Schale das Olivenöl mit dem Zitronensaft verrühren. Zitronenschale, Frühlings-zwiebeln und Pistazien einrühren. Die Knoblauchzehe hineinpressen. Mit Salz und Pfeffer würzen.

3. Die Salate verlesen, waschen, trocken schleudern und in mundgerechte Stücke zupfen. Gurke und Möhren waschen, putzen und schälen. Die Gurke zweimal längs durchschneiden und schräg in 3 mm dicke Stücke schneiden. Die Möhren grob raspeln. Artischockenherzen abtropfen lassen und halbieren. Das Salatgemüse in eine große Schüssel geben, das Dres-sing hinzugießen und alles gut vermischen.

GNOCCHISALAT

mit Frühlingsgemüse

FÜR 4 PORTIONEN

Zutaten

200 g Zuckererbsen
400 g grüner Spargel
200 g Zucchini
Salz
800 g Gnocchi (FP)
6 El Olivenöl
200 g Cocktailtomaten
4 Stiele Petersilie
½ Bund Schnittlauch
1 Tl Fenchelsamen
1 unbehandelte Zitrone
2 El Balsamico bianco
1 Tl Agavendicksaft
Pfeffer
4 Tl Ricotta

Pro Portion ca. 602 kcal/2522 kJ,
14 g E, 26 g F, 76 g KH
Zubereitungszeit: ca. 25 Minuten
(plus Garzeit)

1. Die Zuckererbsen waschen und putzen. Den Spargel waschen, im unteren Drittel schälen, die holzigen Enden abschneiden und die Stangen in 4–5 cm lange Stücke schneiden. Die Zucchini waschen, putzen und längs in dünne Scheiben schneiden. Nacheinander die Zuckererbsen ca. 2 Minuten, den Spargel ca. 5 Minuten und die Zucchini ca. 1 Minute jeweils in kochendem Salzwasser blanchieren. Alles herausnehmen und abtropfen lassen.

2. Im Gemüsewasser die Gnocchi nach Packungsangabe kochen, abtropfen lassen und in einer heißen Pfanne in 2 Esslöffel Öl goldbraun braten. Tomaten waschen und halbieren. Die Kräuter waschen, putzen und die Blätter der Petersilie abzupfen. Einige Blätter beiseitelegen und den Rest fein hacken. Den Schnittlauch in feine Röllchen schneiden. Die Fenchelsamen im Mörser zerstoßen. Die Zitrone heiß waschen, trocken reiben, die Schale in feinen Zesten abziehen und den Saft auspressen. Beides mit dem Fenchel, dem restlichen Öl, Essig, Agavendicksaft, Salz und Pfeffer verrühren und abschmecken. Alles auf Tellern anrichten und einen Klecks vom cremig gerührten Ricotta daraufsetzen. Das Dressing darüber träufeln. Mit der Petersilie garnieren.

﹏ Salate, Suppen & Snacks ﹏

RHABARBER-MOZZARELLA-SALAT

mit Balsamicodressing

FÜR 4 PORTIONEN

Zutaten

500 g Rhabarber
250 g Erdbeeren
400 g Büffel-Mozzarella
2 El Honig
5 El Olivenöl
3 El Aceto balsamico
Salz
Pfeffer
50 g gemischter Blattsalat
4 Basilikumzweige

*Pro Portion ca. 394 kcal/1650 kJ,
21 g E, 30 g F, 10 g KH
Zubereitungszeit: ca. 25 Minuten
(plus Zeit zum Abkühlen)*

1. Den Rhabarber waschen, putzen und in 2 cm große Stücke schneiden. Die Erdbeeren waschen, den Stielansatz entfernen und die Früchte halbieren.

2. Den Mozzarella abtropfen lassen, in 1 cm große Würfel schneiden. Honig in einer Pfanne erhitzen und den Rhabarber 3–4 Minuten darin dünsten. Die Rhabarberstücke in einer Schüssel abkühlen lassen.

3. Olivenöl und Aceto balsamico mit einem Schneebesen verquirlen und mit Salz und Pfeffer würzen. Die Blattsalate waschen und trocken schleudern.

4. Erdbeeren, Rhabarber und Mozzarella in einer Schüssel mischen. Mit der Vinaigrette vermischen und mit Basilikum garnieren. Zusammen mit den Blattsalaten anrichten.

Salate, Suppen & Snacks

KARTOFFEL-BÄRLAUCH-SUPPE
mit Mangold
FÜR 4 PORTIONEN

Zutaten

600 g mehligkochende Kartoffeln
100 g Bärlauch
½ Orange
140 g Mangold
2 Knoblauchzehen
3 El Rapsöl
1,2 l warme Gemüsebrühe
200 ml Sahne
1 Tl getrockneter Majoran
Salz
Pfeffer

Pro Portion ca. 261 kcal/1093 kJ,
17 g E, 33 g F, 6 g KH
Zubereitungszeit: ca. 30 Minuten
(plus Garzeit)

1. Die Kartoffeln schälen, waschen und klein würfeln. Den Bärlauch waschen, trocken schütteln und grob hacken. Die Orange schälen, filetieren und zusammen mit dem Bärlauch im Küchenmixer pürieren. Das Püree umfüllen und beiseitestellen.

2. Den Mangold waschen und trocken tupfen. Die Stiele von den Blättern abtrennen. Die Blätter in feine Streifen und die Stiele in Würfel schneiden. Knoblauchzehen schälen und in Scheiben schneiden. Knoblauch, Mangold und ⅔ der Kartoffelwürfel in 2 Esslöffel Rapsöl 5 Minuten anschwitzen. Brühe angießen und alles 20 Minuten köcheln lassen. Nach 15 Minuten die Sahne einrühren.

3. In der Zwischenzeit die restlichen Kartoffelwürfel in der Pfanne im restlichen Rapsöl kross anbraten. Kurz vor Ende der Garzeit mit Majoran, Salz und Pfeffer würzen.

4. Die Suppe im Mixer fein pürieren. Mit Salz und Pfeffer abschmecken. Die Suppe auf Teller verteilen und die Bärlauchpaste portionsweise kurz unterrühren. Zuletzt die knusprigen Kartoffelwürfel auf die Teller verteilen.

MINESTRONE

mit Makkaroni

FÜR 4 PORTIONEN

Zutaten

2 Knoblauchzehen
3 Zucchini
½ Bund Frühlingszwiebeln
2 El Olivenöl
1,5 l Gemüsebrühe
100 g grüne Erbsen (TK)
150 g kurze Makkaroni
Salz
1 Dose Cannellini-Bohnen
(Abtropfgewicht 240 g)
½ Bund Petersilie
Pfeffer
frisch geriebene Muskatnuss
50 g grob geriebener Parmesan

Pro Portion ca. 433 kcal/1813 kJ,
21 g E, 17 g F, 48 g KH
Zubereitungszeit: ca. 20 Minuten
(plus Garzeit)

1. Die Knoblauchzehen schälen und fein hacken. Die Zucchini waschen, putzen und klein würfeln. Die Frühlingszwiebeln putzen, waschen und in feine Ringe schneiden.

2. Das Olivenöl in einem großen Topf erhitzen und den Knoblauch glasig anschwitzen. Zucchini und Frühlingszwiebeln zugeben und kurz anbraten. Die Gemüsebrühe und die Erbsen zugeben. Bei mittlerer Hitze 10 Minuten köcheln lassen.

3. Inzwischen die Makkaroni nach Packungsanleitung in reichlich Salzwasser fast bissfest garen. Abgießen und abtropfen lassen. Die Bohnen in einem Sieb abspülen und abtropfen lassen.

4. Pasta und Bohnen zur Suppe geben und 2–3 Minuten erwärmen. Petersilie waschen, trocken schütteln, die Blätter von den Stielen zupfen und fein hacken. Zur Suppe geben und mit Salz, Pfeffer und Muskatnuss abschmecken. Mit Parmesan bestreut servieren.

Salate, Suppen & Snacks

MÖHRENSUPPE

mit Ingwer

FÜR 4 PORTIONEN

Zutaten

200 g Lauch
200 g Knollensellerie
1 Schalotte
1 Knoblauchzehe
600 g Bio-Möhren
2 El Olivenöl
1 El frisch geriebener Ingwer
1,5 l Gemüsebrühe
200 ml Sahne
Salz
Pfeffer

Pro Portion ca. 441 kcal/1846 kJ,
28 g E, 31 g F, 15 g KH
Zubereitungszeit: ca. 25 Minuten
(plus Garzeit)

1. Den Lauch waschen, putzen und in Ringe schneiden. Den Sellerie schälen und fein würfeln. Schalotte und Knoblauch schälen und in dünne Scheiben schneiden. Die Möhren gründlich waschen, putzen und mit Schale fein raspeln.

2. Das Olivenöl in einem großen Topf erhitzen und das Gemüse mit dem Ingwer 5 Minuten weich dünsten. Die Brühe zugeben und alles ca. 20 Minuten köcheln lassen. Die Suppe fein pürieren.

3. Die Sahne angießen und die Suppe mit Salz und Pfeffer abschmecken. Erneut vorsichtig erhitzen, aber nicht mehr kochen lassen, dann servieren.

KLARE MANGOLDSUPPE
mit Tofu

FÜR 4 PORTIONEN

Zutaten

1 kg Mangold
5 große Knoblauchzehen
1 Stück Kurkuma (ca. 2 cm)
2 Chilischoten
2 Zitronen
200 g Seidentofu
4 El Olivenöl
1,5 l natriumarme Gemüsebrühe
Salz

Pro Portion ca. 180 kcal/754 kJ,
10 g E, 13 g F, 5 g KH
Zubereitungszeit: ca. 35 Minuten

1. Den Mangold waschen, trocken schütteln und putzen. Die Stiele abtrennen und sehr fein würfeln. Die Blätter in Streifen schneiden. Knoblauch schälen und in feine Scheiben schneiden. Kurkuma schälen und sehr fein hacken. Die Chilischoten entkernen, waschen und sehr fein hacken. Die Zitronen auspressen. Den Tofu abtropfen lassen und würfeln.

2. Das Olivenöl in einer Pfanne erhitzen und den Knoblauch darin anbraten. Die Mangoldstiele zugeben und unter gelegentlichem Wenden weich garen. Mangoldblätter, Kurkuma und Chili zugeben und kurz anschwitzen. Mit Gemüsebrühe und Zitronensaft ablöschen. Kurz aufkochen lassen, dann 5 Minuten weiterkochen lassen. Den Tofu dazugeben und kurz in der Suppe erwärmen. Zum Schluss mit Salz abschmecken.

TIPP
Wer es lieber cremig mag, kann die Suppe vor Zugabe des Tofus auch mit einem Pürierstab fein pürieren.

FRÜHLINGSSUPPE

mit Wildkräutern

FÜR 4 PORTIONEN

Zutaten

600 g gemischte Wildkräuter,
z. B. Bärlauch, Löwenzahn,
Brennnessel, Giersch, Sauerampfer, Sauerklee, Pimpinelle,
Portulak, Borretsch (alternativ
Rucola)
2 Schalotten
2 Knoblauchzehen
2 El Rapsöl
1 l Gemüsebrühe
200 ml Sahne
Salz
Pfeffer
2 Eigelb

Pro Portion ca. 360 kcal/1507 kJ,
11 g E, 29 g F, 15 g KH
Zubereitungszeit: ca. 20 Minuten

1. Die Kräuter verlesen, waschen und die Stiele entfernen. In kochendem Wasser 1 Minute blanchieren. Kalt abschrecken und abtropfen lassen, dann fein hacken.

2. Schalotten und Knoblauch schälen und fein hacken. Das Rapsöl in einem großen Topf erhitzen. Schalotten und Knoblauch darin glasig dünsten. Die Brühe dazugeben und einmal aufkochen lassen. 2 Teelöffel Kräuter beiseitelegen, restliche Kräuter und Sahne in den Topf geben und unterrühren.

3. Die Suppe mit Salz und Pfeffer abschmecken, dann glatt pürieren. Etwas Suppe abneh-men und mit dem Eigelb verquirlen. In die Suppe rühren, bis diese leicht andickt. Die Suppe mit den restlichen Kräutern bestreuen und servieren.

TIPP

Die Wildkräutersaison beginnt jetzt im Frühling. Sammeln Sie nur Pflanzen, die Sie kennen!

MINI-PIZZA
mit Brokkoli-Boden

FÜR 4 STÜCK

Zutaten

Für den Belag

1 Schalotte
1 Knoblauchzehe
1 Dose Pizzatomaten (400 g)
1 Tl getrockneter Oregano
Salz
Pfeffer
200 g Cocktailtomaten
20 g Rucola
1 Schalotte oder 1 kleine rote Zwiebel
25 g Parmesan
4 Scheiben Parmaschinken

Für den Pizza-Boden

250 g Brokkoli
35 g Parmesan
50 g Vollkornmehl, Leinmehl
oder Lupinenmehl
1 Tl gemahlene Flohsamenschalen
2 Eier
¼ Tl Salz

*Pro Stück ca. 203 kcal/850 kJ,
15 g E, 9 g F, 14 g KH
Zubereitungszeit: ca. 25 Minuten
(plus Gar- und Backzeit)*

1. Den Backofen auf 200 °C vorheizen, ein Backblech mit Backpapier belegen. Für den Belag die Schalotte und den Knoblauch schälen und sehr fein hacken. Mit Pizzatomaten, Oregano, etwas Salz und Pfeffer in einen Topf geben. Aufkochen und offen etwa 10 Minuten köcheln lassen. Dann vom Herd ziehen.

2. Für den Pizza-Boden den Brokkoli waschen, trocknen und in Röschen teilen. Anschließend sehr fein (auf Couscous-Größe) hacken. Den Parmesan fein reiben. Mit Mehl, Flohsamenschalen, Eiern und Salz zum Kohl geben und alles gut vermengen oder kurz pürieren. Aus der Masse vier ca. 1 cm dicke Teighäufchen formen und auf dem Backblech verteilen. Auf der zweiten Schiene von unten ca. 10 Minuten vorbacken. In der Zwischenzeit Cocktailtomaten und Rucola waschen und trocknen. Tomaten in Scheiben schneiden. Die Schalotte (oder Zwiebel) schälen und in feine Ringe schneiden.

3. Nach dem Vorbacken die Pizza dünn mit Tomatensugo bestreichen (nicht alles aufbrauchen, übriger Sugo kann zur Pizza gereicht oder anderweitig verwendet werden), mit Tomatenscheiben und Schalotten- oder Zwiebelringen belegen. Für weitere 15–20 Minuten backen. Die Tomaten sollten weich sein und der Pizza-Boden nur leicht Farbe angenommen haben. Die fertigen Pizzen mit je 1 Scheibe Schinken, etwas Rucola und Parmesan belegen.

RETTICHTASCHEN

FÜR 16 STÜCK

Zutaten

400 g Mehl
1 Ei
600 g Rettich
Salz
3 El Sesamöl
1 Tl Zucker
2 Frühlingszwiebeln
Pfeffer
4 El Sojasauce
1 ½ El Reisessig
1 Tl Chilisauce

Außerdem

1 l Erdnussöl zum Ausbacken
Mehl für die Arbeitsfläche
Ausstecher 10 cm Ø

Pro Stück ca. 121 kcal/507 kJ,
4 g E, 3 g F, 20 g KH
Zubereitungszeit: ca. 30 Minuten
(plus Ruhezeit, Zeit zum Ziehen und Frittierzeit)

1. Mehl mit 180 ml lauwarmem Wasser verrühren, das Ei dazugeben und alles zu einem geschmeidigen Teig verkneten. In eine Schüssel legen, mit einem feuchten Tuch abdecken und 30 Minuten bei Zimmertemperatur ruhen lassen.

2. Den Rettich waschen, putzen, schälen und fein raspeln. Mit ½ Teelöffel Salz vermengen und 10 Minuten ziehen lassen. Danach das entstandene Wasser abgießen und die Rettichraspeln gut ausdrücken. In eine Schüssel geben und mit 2 Esslöffel Sesamöl und dem Zucker vermengen. Die Frühlingszwiebeln waschen, putzen und in sehr feine Scheiben schneiden. Zum Rettich geben, vermengen und alles mit Pfeffer und gegebenenfalls Salz abschmecken.

3. Den Teig noch einmal durchkneten, dann auf einer bemehlten Arbeitsfläche dünn ausrollen. Mit einem Ausstecher oder Glas 16 Kreise mit einem Durchmesser von 10 cm ausstechen. Die Rettichmasse jeweils auf der einen Hälfte einer jeden Scheibe verteilen, die andere Hälfte darüberklappen und die Teigränder mit einer Gabel gut zusammendrücken.

4. Aus dem restlichen Sesamöl, der Sojasauce, dem Essig und der Chilisauce einen Dip rühren. Unterdessen das Öl in einem Wok oder einer tiefen Pfanne bei mittlerer Hitze erwärmen. Die Rettichtaschen sachte hineingeben und von beiden Seiten goldbraun backen. Auf Küchenkrepp kurz abtropfen lassen und mit dem Dip servieren.

Salate, Suppen & Snacks

MÖHREN**PUFFER**

mit Mandeldip

FÜR 4 PORTIONEN

Zutaten

Für den Dip
1 Knoblauchzehe
80 g gemahlene Mandeln
3 El Ahornsirup
1 El Apfelessig
Salz, Pfeffer

Für die Puffer
500 g Möhren
2 Eier
2 El Mandelmehl
1 Bund Petersilie
½ Tl Fenchelsamen
Salz, Pfeffer
1 Prise gemahlener Koriander

Außerdem
3 El Kokosöl zum Braten

Pro Portion ca. 475 kcal/1989 kJ,
12 g E, 40 g F, 16 g KH
Zubereitungszeit: ca. 25 Minuten
(plus Garzeit)

1. Für den Dip den Knoblauch schälen und durch die Presse drücken. Die Mandeln in einer Pfanne ohne Fett rösten. 150 ml Wasser, Ahornsirup, Apfelessig und Knoblauch unter die Mandeln rühren. Mit Salz und Pfeffer abschmecken und abkühlen lassen.

2. In der Zwischenzeit die Möhren putzen, schälen und grob raspeln. Mit den Eiern und dem Mandelmehl vermengen. Die Petersilie waschen, trocken schütteln und die Blättchen fein hacken. Die Fenchelsamen im Mörser zerkleinern. Beides zu den Möhren geben, mit Salz, Pfeffer und Koriander abschmecken.

3. Das Kokosöl in einer Pfanne bei mittlerer Hitze erhitzen. Die Möhrenmasse zu kleinen Puffern formen und auf jeder Seite etwa 5 Minuten backen. Auf Küchenkrepp kurz abtropfen lassen und mit dem Dip servieren.

OMELETT-MUFFINS
mit Thunfisch
FÜR 12 STÜCK

Zutaten

75 g Feta
1 kleine Dose Thunfisch
(im eigenen Saft,
60 g Abtropfgewicht)
½ grüne Paprikaschote
100 g Cocktailtomaten
3 Frühlingszwiebeln
5 braune Champignons
6 Eier
6 El Sahne
Salz
Pfeffer

Außerdem

Butter für die Form
12er-Muffinblech

Pro Stück ca. 72 kcal/301 kJ,
5 g E, 5 g F, 2 g KH
Zubereitungszeit: ca. 30 Minuten
(plus Backzeit)

1. Den Backofen auf 160 °C vorheizen. Die Mulden eines 12er-Muffinblechs mit Butter einfetten. Den Feta trocken tupfen und in eine Schüssel zerbröckeln. Den Thunfisch in ein Sieb geben, abtropfen lassen und mit einer Gabel zerpflücken. Ebenfalls in die Schüssel geben.

2. Paprika, Cocktailtomaten und Frühlingszwiebeln waschen, putzen und trocken tupfen. Die Paprika fein würfeln, die Cocktailtomaten vierteln und die Frühlingszwiebeln in feine Ringe schneiden. Alles in die Schüssel umfüllen. Die Champignons abreiben, putzen und fein gewürfelt ebenfalls in die Schüssel geben. Alle Zutaten in der Schüssel vermengen, sodass sie gleichmäßig gemischt sind. Dann auf die Mulden des Muffinblechs verteilen.

3. Eier mit Sahne verquirlen. Mit Salz und Pfeffer würzen. Gleichmäßig auf die Gemüsemischungen verteilen, dann etwa 20 Minuten backen, bis die Masse gestockt und leicht gebräunt ist. Die Omelett-Muffins einige Minuten abkühlen lassen, aus den Mulden nehmen und noch warm servieren.

~ Salate, Suppen & Snacks ~

HÄHNCHEN-SANDWICH
mit Zitronencreme

FÜR 4 PORTIONEN

Zutaten

480 g Hähnchenbrust
1 Tl Rapsöl
160 g Quark
2 El Zitronensaft
2 Beete Gartenkresse
Salz
Pfeffer
8 Radieschen
40 g frischer Blattspinat
8 Scheiben Dinkeltoastbrot

Pro Portion ca. 270 kcal/1130 kJ,
38 g E, 4 g F, 21 g KH
Zubereitungszeit: ca. 20 Minuten
(plus Garzeit)

1. Die Hähnchenbrust waschen und trocken tupfen. Das Rapsöl in einer Pfanne erhitzen und das Fleisch darin von beiden Seiten kross anbraten, dann bei kleiner Hitze gar ziehen lassen, bis es durchgebraten ist.

2. In der Zwischenzeit für die Zitronencreme den Quark mit dem Zitronensaft verrühren. 1 Beet Kresse abschneiden und die Kresseblättchen unterheben. Mit Salz und Pfeffer abschmecken.

3. Die Radieschen waschen, putzen und in Scheiben schneiden. Den Spinat waschen, trocknen und verlesen. Die Hähnchenbrust in Scheiben schneiden.

4. Das Toastbrot anrösten. 4 Scheiben mit der Zitronencreme bestreichen und mit Spinat, Radieschen und Hähnchenbrust belegen. Mit der restlichen Kresse bestreuen. Die restlichen Toastscheiben auflegen und alles mit einem Holzspieß fixieren.

FRÜHLINGSROLLEN

mit Hühnchen

FÜR 16 STÜCK

Zutaten

2 getrocknete schwarze Pilze
125 g Hühnerbrust
2 Tl helle Sojasauce
1 Tl Austernsauce
1 Tl Maisstärke
125 g Bambussprossen
60 g Schnittlauch
1 l Erdnussöl
16 Teigblätter für Frühlingsrollen

*Pro Stück ca. 123 kcal/515 kJ,
3 g E, 5 g F, 28 g KH
Zubereitungszeit: ca. 20 Minuten
(plus Marinier-, Gar- und Frittierzeit)*

1. Die Pilze in Wasser einweichen. Das Hühnerfleisch waschen, trocken tupfen und in feine Stücke schneiden. Soja- und Austernsauce mit der Maisstärke gut verrühren und das Fleisch darin 15 Minuten marinieren. Unterdessen die Bambussprossen in feine Streifen schneiden, den Schnittlauch waschen, trocken schütteln und in 2 cm lange Stücke schneiden.

2. Die Pilze aus dem Wasser nehmen, ausdrücken, die Stiele entfernen und die Pilze in Streifen schneiden.

3. In einem Wok 1–2 Esslöffel Erdnussöl erhitzen. Fleisch und Pilze dazugeben und bei mittlerer Hitze 1 Minute unter ständigem Rühren garen. Die Bambussprossen zugeben und ½ Minute weiter garen. Den Schnittlauch zugeben, gut unterrühren und alles auf einen Teller geben. Die Flüssigkeit abgießen.

4. Die Teigblätter auf eine glatte Fläche legen. Je eine Portion der Füllung daraufgeben und die Teigränder mit Wasser befeuchten. Eine Seite aufrollen, die Ränder einschlagen, Ränder wieder mit Wasser bestreichen und ganz aufrollen. Ebenso mit den übrigen Teigblättern und der Füllung verfahren.

5. Das restliche Erdnussöl erhitzen und die Frühlingsrollen darin bei starker Hitze portionsweise etwa 5 Minuten knusprig braun frittieren. Auf Küchenkrepp abtropfen lassen und mit Sojasauce oder Sambal Oelek servieren.

OFENKARTOFFELN
mit Blauschimmelkäse

FÜR 4 PORTIONEN

Zutaten

4 mehligkochende Kartoffeln (à 300 g)
Salz
800 g frischer Blattspinat
1 mittelgroße Zwiebel
1 El Butter
100 ml Sahne
200 g Blauschimmelkäse
Pfeffer

Pro Portion ca. 533 kcal/2232 kJ,
23 g E, 26 g F, 50 g KH
Zubereitungszeit: ca. 20 Minuten
(plus Gar- und Backzeit)

1. Die Kartoffeln in kochendes Salzwasser geben und 15 Minuten vorgaren. Aus dem Wasser nehmen, abtropfen lassen und jede Kartoffel in ein Stück Alufolie wickeln. Den Backofen auf 200 °C vorheizen und die Kartoffeln darin etwa 40 Minuten garen.

2. In der Zwischenzeit den Spinat verlesen, putzen und waschen. Die Zwiebel schälen, halbieren und in kleine Würfel schneiden.

3. Die Butter in einem großen Topf zerlassen und die Zwiebelwürfel darin andünsten. Den Spinat dazugeben und unter Rühren dünsten, bis alle Blätter zusammengefallen sind. Die Sahne zugießen, aufkochen lassen und cremig einkochen.

4. Den Blauschimmelkäse in kleine Stücke brechen. Die Hälfte des Käses zum Spinat geben, unterrühren und schmelzen. Mit Salz und Pfeffer abschmecken.

5. Die Kartoffeln aus dem Ofen nehmen und aus der Folie wickeln. Die Oberseite kreuzförmig einschneiden und die Kartoffeln etwas auseinanderdrücken.

6. Den Spinat mit den Kartoffeln auf Tellern anrichten. Den restlichen Käse auf den Kartoffeln verteilen.

DINKEL-RISOTTO

mit Kohlrabi und Möhren

FÜR 4 PORTIONEN

Zutaten

200 g Dinkel
1 Zwiebel
1 Knoblauchzehe
400 g Kohlrabi
4 Möhren
5 Stängel Petersilie
2 El Olivenöl
800 ml Gemüsebrühe
4 El Butter
50 g frisch geriebener
Parmesan
Salz
Pfeffer

Pro Portion ca. 440 kcal/1842 kJ,
20 g E, 21 g F, 42 g KH
Zubereitungszeit: ca. 40 Minuten
(plus Zeit zum Einweichen
und Garzeit)

1. Den Dinkel in einem Sieb unter fließendem Wasser waschen. In kaltem Wasser über Nacht einweichen. Anschließend abgießen und abtropfen lassen.

2. Die Zwiebel und den Knoblauch schälen und fein hacken. Den Kohlrabi und die Möhren putzen, schälen und klein würfeln. Die Petersilie waschen, trocken schütteln, die Blättchen abzupfen und fein hacken. In einem Topf 2 Esslöffel Olivenöl erhitzen und die Zwiebel und den Knoblauch darin glasig dünsten. Den Dinkel zugeben und kurz anrösten. Die Gemüsebrühe angießen und den Dinkel bei kleiner Hitze 25–30 Minuten köcheln lassen, bis die Körner weich sind. Dabei immer wieder umrühren und bei Bedarf Wasser nachgießen.

3. Inzwischen in einer Pfanne 2 Esslöffel Butter erhitzen und die Kohlrabi- und Möhrenwürfel 8–10 Minuten bissfest anbraten. Das Risotto vom Herd nehmen, das Gemüse und die Petersilie untermischen und mit Parmesan, der restlichen Butter, Salz und Pfeffer abschmecken.

ꙅ Vegetarisch ꙅ

ARTISCHOCKEN-LASAGNE
mit Pinienkernen
FÜR 4 PORTIONEN

Zutaten

30 g Pinienkerne
1 Zwiebel
3 Knoblauchzehen
1 Tl Olivenöl
400 g Tomaten
300 g passierte Tomaten
Salz
Pfeffer
½ Bund Basilikum
480 g Artischockenherzen
in Lake
400 g runde Zucchini
60 g frisch geriebener
Parmesan

*Pro Portion ca. 193 kcal/808 kJ,
15 g E, 9 g F, 12 g KH
Zubereitungszeit: ca. 30 Minuten
(plus Backzeit)*

1. Den Backofen auf 180 °C vorheizen. Die Pinienkerne in einer Pfanne ohne Fettzugabe goldbraun rösten, dann auf einem Teller abkühlen lassen.

2. Für die Tomatensauce die Zwiebel und den Knoblauch schälen, klein würfeln, dann in einem Topf in Olivenöl auf kleiner Hitze anschwitzen. Die Tomaten waschen, die Stielansätze entfernen und das Fruchtfleisch würfeln. In den Topf geben, passierte Tomaten zugeben, mit Salz und Pfeffer würzen und die Sauce ca. 15 Minuten köcheln lassen. Basilikum waschen, trocken schütteln, die Blätter abzupfen, in Streifen schneiden und zum Schluss unter die Sauce heben.

3. Die Artischockenherzen abtropfen lassen und achteln. Die Zucchini waschen, putzen und in 5 mm dicke Scheiben schneiden. Eine Auflaufform mit der Hälfte der Zucchinischeiben auslegen. Dann abwechselnd die Hälfte der Tomatensauce, der Artischocken und der Pinienkerne daraufschichten. 1 Esslöffel Parmesan darüberstreuen. Den Vorgang wiederholen. Mit Parmesan abschließen. Die Lasagne 30–35 Minuten backen.

 **Vegetarisch**

SPINAT-ROSINEN-QUICHE
mit Pinienkernen
FÜR 12 STÜCKE

Zutaten

Für den Teig
100 g kalte Butter
200 g Mehl
1 Prise Salz, 1 Ei
1 El Weißweinessig

Für die Füllung
40 g Rosinen
70 g Pinienkerne
1 Zwiebel
2 Knoblauchzehen
500 g frischer Blattspinat
1 El Olivenöl
Salz, Pfeffer
100 g Ziegenfrischkäse

Für den Guss
3 Eier
150 ml Sahne
100 ml Milch
Salz, Pfeffer

Außerdem
Butter für die Form
Mehl für die Arbeitsfläche

Pro Stück ca. 280 kcal/1172 kJ,
8 g E, 20 g F, 17 g KH
Zubereitungszeit: ca. 35 Minuten
(plus Kühlzeit, Backzeit und Zeit zum Abkühlen)

1. Für den Teig die Butter würfeln und mit allen anderen Zutaten zügig verkneten. Den Teig zur Kugel rollen, in Folie wickeln und ca. 1 Stunde kalt stellen. Den Backofen auf 180 °C vorheizen, die Quiche-Form mit Butter einfetten. Den Teig auf einer bemehlten Arbeitsfläche ausrollen und die Form damit auskleiden. Mit einer Gabel mehrfach einstechen und auf der 2. Schiene von unten ca. 10 Minuten vorbacken. Herausnehmen und auskühlen lassen.

2. Die Rosinen mit heißem Wasser abspülen, dann in heißem Wasser einweichen. Die Pinienkerne in einer Pfanne ohne Fettzugabe goldgelb rösten. Die Zwiebel schälen und würfeln, den Knoblauch schälen und fein hacken. Den Spinat verlesen, putzen, grob zerteilen und gründlich waschen. In einem Sieb abtropfen lassen.

3. Das Olivenöl in einem großem Topf erhitzen. Die Zwiebel darin andünsten, Knoblauch und Spinat dazugeben. Mit Salz und Pfeffer würzen und bei mittlerer Hitze ca. 10 Minuten dünsten. Vom Herd nehmen und leicht abkühlen lassen. Die Rosinen abgießen. Die Hälfte des Spinats auf dem Teig verteilen. Die Hälfte der Rosinen und der Pinienkerne daraufstreuen. 50 g Ziegenfrischkäse in Nocken daraufsetzen. Mit dem restlichen Spinat bedecken und die anderen restlichen Zutaten wieder darauf verteilen.

4. Für den Guss alle Zutaten miteinander verquirlen, mit Salz und Pfeffer abschmecken und über den Spinat gießen. Das Ganze ca. 45 Minuten backen.

 **Vegetarisch**

SPINAT-RAVIOLI
mit Chili-Kräuter-Sauce

FÜR 4 PORTIONEN

Zutaten

Für den Nudelteig
400 g Mehl, 4 Eier
1 Tl Salz, 1 El Olivenöl

Für die Füllung
250 g Ricotta
140 g geriebener Pecorino
150 g frischer Blattspinat
1 Ei
2 El Mehl, Salz
frisch geriebene Muskatnuss
1 Eigelb

Für die Sauce
½ Bund Petersilie
½ Bund Basilikum
½ Bund Schnittlauch
1 Knoblauchzehe
1 kleine rote Chilischote
50 ml trockener Weißwein
200 g Crème fraîche
Salz, Pfeffer

Außerdem
Ausstecher (ca. 5 cm Ø)
Mehl für die Arbeitsfläche

Pro Portion ca. 1303 kcal/5455 kJ,
55 g E, 53 g F, 149 g KH
Zubereitungszeit: ca. 1 Stunde
(plus Ruhe- und Garzeit)

1. Aus den Zutaten für die Nudeln einen Teig kneten und diesen 20 Minuten ruhen lassen. Für die Füllung den Ricotta durch ein Sieb pressen und mit 70 g Pecorino mischen. Den Spinat verlesen, putzen, waschen und trocken schütteln. Zu dem Ricotta hinzugeben. 1 Ei und das Mehl unterrühren und die Masse mit Salz und Muskat würzen.

2. Den Nudelteig auf einer bemehlten Arbeitsfläche zu zwei dünnen Teigplatten ausrollen (oder eine Nudelmaschine benutzen). Im Abstand von 3 cm mit zwei Teelöffeln kleine Häufchen von der Spinatmasse auf die eine Teigplatte setzen. Den Teig rings um die Häufchen mit verquirltem Eigelb bestreichen. Die zweite Teigplatte darauflegen und rings um die Häufchen festdrücken. Mit einem runden Ausstecher zu Ravioli ausstechen. Die Ränder mit einer Gabel gut festdrücken.

3. Für die Sauce die Kräuter waschen, trocken schütteln, die Blätter von den Stielen zupfen und sehr fein hacken. Die Knoblauchzehe abziehen und ebenfalls fein hacken. Die Chilischote putzen, waschen, von den Kernen befreien und in feine Ringe schneiden. Weißwein und Crème fraîche in einem Topf erhitzen, Knoblauch, Chili und Kräuter unterrühren. Mit Salz und Pfeffer abschmecken.

4. In einem großen Topf reichlich Salzwasser zum Kochen bringen und die Ravioli in siedendem, aber nicht sprudelnd kochendem Wasser ca. 4 Minuten garen, bis sie an der Oberfläche schwimmen. Die Ravioli mit der scharfen Kräutersauce servieren.

 Vegetarisch

GRÜNE SAUCE

mit Pellkartoffeln und pochiertem Ei

FÜR 4 PORTIONEN

Zutaten

10 Eier
2 Bund Grüne-Sauce-Kräuter (Petersilie,
Borretsch, Kresse, Sauerampfer, Kerbel,
Pimpinelle, Schnittlauch)
400 g Naturjoghurt (3,5 % Fett)
400 g saure Sahne (10 % Fett)
1 ½ El milder Senf
100 ml Sonnenblumenöl
Saft von 1 Zitrone
Salz
Pfeffer
1 kg festkochende Kartoffeln
2 El Weißweinessig

Pro Portion ca. 878 kcal/3676 kJ,
30 g E, 61 g F, 51 g KH
Zubereitungszeit: ca. 50 Minuten
(plus Garzeit und Zeit zum Ziehen)

1. 6 Eier hart kochen. Mit kaltem Wasser abschrecken und pellen. In der Zwischenzeit die Kräuter verlesen, waschen, trocknen und von den festen groben Stielen befreien. Die Kräuter sehr fein hacken und in eine Schüssel geben. Den Joghurt und die saure Sahne zugeben und mit den Kräutern verrühren.

2. Das Eiweiß der hart gekochten Eier vom Eigelb trennen. Das Eiweiß sehr fein hacken und unter die Kräutermasse mengen. Das Eigelb mit dem Senf und dem Sonnenblumenöl in ein hohes Gefäß geben und mit dem Stabmixer zu einer cremigen Mayonnaise rühren. Die Mayonnaise unter die Grüne Sauce rühren und mit dem Zitronensaft, Salz und Pfeffer abschmecken. Die Kartoffeln in kochendem Salzwasser garen. Danach abgießen und pellen.

3. Zum Pochieren der restlichen Eier den Weißweinessig in einem großen Topf mit reichlich Wasser aufkochen. Die übrigen Eier einzeln aufschlagen und in jeweils eine Tasse geben. Aus den Tassen die Eier vorsichtig in das Wasser gleiten lassen. Besonders gut geht das, wenn man das Wasser vorher mit einem Schneebesen kräftig rührt, sodass ein Strudel entsteht. Die Eier etwa 1 Minute bei geringer Hitzezufuhr köcheln lassen. Den Topf vom Herd nehmen und die Eier etwa 4 Minuten ziehen lassen.

4. Die Grüne Sauce auf Tellern mit den Pellkartoffeln anrichten. Die pochierten Eier nacheinander mit einer Lochkelle aus dem Wasser nehmen, abtropfen lassen und auf den Tellern anrichten.

ᔆ Vegetarisch ᔆ

COUSCOUS-GEMÜSE-TOPF
mit Schafskäse
FÜR 4 PORTIONEN

Zutaten

250 g Tomaten
1 Aubergine
1 Zwiebel
2 Paprikaschoten
250 g Schafskäse (Feta)
2 Zweige Minze
2 El Olivenöl
300 g Couscous
1 El Ras el-Hanout (marok-
kanische Gewürzmischung),
alternativ Paprikapulver und
gemahlener Kreuzkümmel
400 ml heiße Gemüsebrühe
Salz
Pfeffer

Pro Portion ca. 519 kcal/2173 kJ,
21 g E, 22 g F, 58 g KH
Zubereitungszeit: ca. 25 Minuten
(plus Garzeit)

1. Die Tomaten waschen, die Stielansätze entfernen und das Fruchtfleisch in 1 cm große Würfel schneiden. Die Aubergine waschen, putzen und klein würfeln. Die Zwiebel schälen und fein hacken, die Paprikaschoten putzen, waschen, entkernen und sehr fein würfeln. Den Schafskäse ebenfalls würfeln. Die Minze waschen, trocken schütteln, die Blättchen abzupfen und in feine Streifen schneiden.

2. Einen Topf mit dem Olivenöl ausstreichen und darin Zwiebel, Couscous, Paprika, Auber-gine, Schafskäse, Tomaten, Ras el-Hanout und Minze schichten und vorsichtig mit der Ge-müsebrühe aufgießen. Mit Salz und Pfeffer abschmecken. Einmal aufkochen lassen, dann auf kleine Flamme schalten und 10–15 Minuten quellen lassen.

3. Den Couscous vor dem Servieren gründlich durchmengen und noch einmal abschmecken.

 **Vegetarisch**

FALAFEL
mit Spinatsalat
FÜR 4 PORTIONEN

Zutaten

100 g Frühlingszwiebeln
2 Knoblauchzehen
½ Bund Koriander
200 g Kichererbsenmehl
1 Tl Ras el-Hanout
Salz
200 g frischer Babyspinat
4 Mandarinen
2 El Limettensaft
2 Tl Olivenöl
50 ml Gemüsebrühe
Pfeffer
120 g geräucherter Tofu
in Würfeln

*Pro Portion ca. 289 kcal/1210 kJ,
17 g E, 8 g F, 33 g KH
Zubereitungszeit: ca. 30 Minuten
(plus Garzeit)*

1. Für die Falafel die Frühlingszwiebeln waschen und putzen. Die Hälfte fein hacken, die andere Hälfte in Scheiben schneiden. Den Knoblauch schälen und hacken. Den Koriander waschen, trocken schütteln, die Blätter abzupfen und fein hacken. Gehackte Frühlingszwiebeln, Knoblauch, Koriander, Kichererbsenmehl, Ras el-Hanout und ½ Teelöffel Salz mit 350 ml kochendem Wasser übergießen, vermischen und ca. 10 Minuten quellen lassen.

2. In der Zwischenzeit den Spinat verlesen, waschen und trocken schütteln. Die Mandarinen schälen, das Fruchtfleisch grob zerteilen und mit den Spinatblättern und den restlichen Frühlingszwiebeln in eine große Schüssel geben. Limettensaft, 1 Teelöffel Olivenöl und Gemüsebrühe vermengen. Mit Salz und Pfeffer abschmecken und über den Salat geben.

3. Aus der Falafel-Masse 16 kleine Falafel formen. Das restliche Olivenöl in einer Pfanne erhitzen und die Falafel darin goldbraun braten. Die Tofuwürfel in die Pfanne geben und kurz darin erwärmen. Die Tofuwürfel unter den Salat heben und den Salat zusammen mit den Falafel anrichten.

 **Vegetarisch**

AUBERGINENSCHIFFCHEN
mit Omelettstreifen

FÜR 4 PORTIONEN

Zutaten

2 große Auberginen
5 El Olivenöl
4 Tomaten
2 Mozzarella
1 Handvoll Basilikumblätter
50 g Bergkäse (z. B. Gruyère)
6 Eier
Salz
Pfeffer
1 El Butter

Pro Portion ca. 355 kcal/1486 kJ,
18 g E, 27 g F, 10 g KH
Zubereitungszeit: ca. 45 Minuten
(plus Backzeit)

1. Den Backofen auf 200 °C vorheizen. Ein Backblech mit Backpapier auslegen. Die Auberginen waschen, trocken reiben und längs halbieren. Auf das Backblech legen und jede Auberginenschnittfläche mit 1 Esslöffel Olivenöl einreiben. Im Ofen ca. 25 Minuten backen, bis die Auberginen weich sind.

2. Unterdessen die Tomaten waschen, trocknen, den Stielansatz entfernen und das Fruchtfleisch in Scheiben schneiden. Den Mozzarella abtropfen lassen und ebenfalls in Scheiben schneiden. Die Basilikumblätter waschen und trocken tupfen.

3. Den Bergkäse reiben. Die Eier verquirlen und mit Salz und Pfeffer würzen. Das restliche Olivenöl und die Butter in einer beschichteten Pfanne erhitzen. Die Eier dazugeben und bei mittlerer Hitze stocken lassen.

4. Die Eier mit einem Pfannenwender am Pfannenboden entlang dreimal zur Mitte schieben und erneut 2–3 Minuten bei milder Hitze stocken lassen. Mit dem Bergkäse bestreuen und den Käse schmelzen lassen. Das Omelett zur Hälfte überklappen und 1–2 Minuten zu Ende garen.

5. Die Auberginen etwas salzen und pfeffern, zuerst mit den Tomatenscheiben, dann mit den Mozzarellascheiben belegen und im Ofen ca. 5 Minuten weiterbacken, bis der Mozzarella geschmolzen ist. Die Auberginen auf Tellern anrichten und mit Basilikumblättern belegen. Das Omelett in Streifen schneiden und auf den Tellern verteilen.

Vegetarisch

GRÜNKERNRISOTTO

mit Sauerampfer

FÜR 4 PORTIONEN

Zutaten

1 mittelgroße Zwiebel
1 Knoblauchzehe
100 g Möhren
100 g Petersilienwurzel
100 g Lauch
3 El Butter
200 g Grünkern
600 ml klare Gemüsebrühe
130 g Parmesan
Pfeffer
1 Bund Sauerampfer
Salz

Pro Portion ca. 417 kcal/1746 kJ,
20 g E, 20 g F, 38 g KH
Zubereitungszeit: ca. 20 Minuten
(plus Garzeit)

1. Die Zwiebel schälen, halbieren und fein würfeln. Den Knoblauch schälen und fein hacken. Die Möhren und die Petersilienwurzel putzen, schälen und in feine Würfel schneiden. Den Lauch putzen, gründlich waschen, der Länge nach halbieren und in feine Streifen schneiden. In einem großen Topf 1 Esslöffel Butter zerlassen, Zwiebel und Knoblauch darin glasig andünsten. Den Grünkern zugeben und die Gemüsebrühe angießen. Aufkochen lassen, die Hitzezufuhr reduzieren und zugedeckt etwa 1 Stunde köcheln lassen, bis der Grünkern weich ist. Nach 50 Minuten das Gemüse dazugeben und fertig garen.

2. 80 g Parmesan reiben, zum Risotto geben und unterrühren. Die restliche Butter in Würfel schneiden, in das Risotto geben und kräftig rühren, sodass eine cremige Konsistenz entsteht. Mit Salz und Pfeffer abschmecken. Den Sauerampfer putzen, waschen, trocken schütteln und die großen Blätter halbieren. Die Blätter in das Risotto geben und vorsichtig untermengen. In tiefen Tellern anrichten, den restlichen Parmesan hobeln, darüberstreuen und servieren.

 **Vegetarisch**

BLUMENKOHL-GNOCCHI
mit Rucola-Butter
FÜR 4 PORTIONEN

Zutaten

Für die Blumenkohl-Gnocchi

500 g geputzte Blumenkohlröschen
Salz
1 Ei
1 Eigelb
130 g Reismehl
40 g Lupinensamen
2 El gemahlene Flohsamen
3 Prisen Muskatnuss
Pfeffer

Für die Rucola-Butter

80 g geputzter Rucola
1 Knoblauchzehe

Saft von ½ Zitrone
3 Tl Kapern
100 g Butter
Salz
Pfeffer
frisch geriebener Parmesan

Pro Portion ca. 406 kcal/1700 kJ,
11 g E, 25 g F, 35 g KH
Zubereitungszeit: ca. 45 Minuten
(plus Garzeit)

1. Blumenkohlröschen waschen und in kochendem Salzwasser etwa 15 Minuten weich kochen. Abgießen und anschließend fein pürieren. Ei und Eigelb hinzufügen und alles noch mal durchmixen. In eine Schüssel umfüllen und mit den restlichen Gnocchi-Zutaten verquirlen.

2. Den Teig in 4 Teile teilen. Daraus 2–3 cm dicke Rollen formen und diese in etwa 1 cm dicke Scheiben schneiden. Flach hinlegen und quer mit der Gabel eindrücken. In siedendem Salzwasser portionsweise etwa 4 Minuten gar ziehen lassen. Mit einer Lochkelle jeweils herausholen und abtropfen lassen.

3. Für die Rucola-Butter den Rucola waschen, trocken schütteln, zerkleinern und in ein hohes Püriergefäß geben. Die Knoblauchzehe schälen und hinzupressen. Zitronensaft und Kapern hinzugeben. Die Butter zerlassen, hinzugießen und alles durchmixen. In eine Pfanne umfüllen, nochmals erhitzen und mit Salz und Pfeffer würzen. Die Gnocchi darin wenden. Mit Parmesan bestreut servieren.

 **Vegetarisch**

PIDE
mit Mangoldfüllung

FÜR 6 STÜCK

Zutaten

125 ml Milch
⅓ Würfel frische Hefe (15 g)
350 g Weizenmehl
1 Tl Zucker
Salz
1 Ei
350 g grüner oder bunter Mangold
1 Zwiebel
2 El Olivenöl
200 ml Gemüsebrühe
Pfeffer
Zucker
30 g frisch geriebener Gouda

Außerdem
Öl zum Einfetten
Mehl für die Arbeitsfläche

Pro Stück ca. 290 kcal/1214 kJ,
11 g E, 7 g F, 45 g KH
Zubereitungszeit: ca. 40 Minuten
(plus Zeit zum Gehen und Backzeit)

1. Die Milch und 100 ml Wasser lauwarm erwärmen und die Hefe darin auflösen. Mehl, Zucker, ½ Teelöffel Salz und Ei mit der Hefemischung in einer Schüssel vermengen und mit den Knethaken des Handrührgerätes zu einem glatten Teig verarbeiten. Eine Schüssel leicht ölen und den Teig darin abgedeckt an einem warmen Ort 1 ½ Stunden gehen lassen.

2. Inzwischen den Mangold waschen, trocknen und die harten Stiele in 1 cm breite Stücke schneiden. Die weichen Blätter etwas größer lassen. Die Zwiebel schälen, fein würfeln und in Olivenöl 3 Minuten glasig dünsten. Den Mangold hinzugeben und weitere 4 Minuten dünsten. Die Gemüsebrühe angießen und 3–4 Minuten leicht köcheln lassen. Mit Salz, Pfeffer und Zucker würzen. Abkühlen lassen.

3. Den Backofen auf 180 °C Umluft vorheizen. Die restliche Flüssigkeit vom Mangold abgießen und den Käse unterrühren. Den Teig auf einer leicht bemehlten Arbeitsfläche nochmals durchkneten und in sechs gleich große Stücke teilen. Jedes Stück länglich ausrollen und mit einem Sechstel der Mangoldmasse belegen. Dabei rundherum einen 2 cm breiten Rand frei lassen. Diesen erst oben und unten über die Füllung klappen, dann rechts und links, wodurch die Pide ihre typische, an den Enden spitze Form bekommen. Diese leicht nachformen und festdrücken. Die Pide auf zwei mit Backpapier belegte Backbleche legen und etwa 25 Minuten goldbraun backen. Gleich genießen oder auf einem Rost abkühlen lassen.

Vegetarisch

SÜSSKARTOFFELSPAGHETTI
mit Mangold und Oliven
FÜR 4 PORTIONEN

Zutaten

1 kg Süßkartoffeln
1 Knoblauchzehe
1 Zwiebel
400 g Mangold
50 g grüne Oliven
2 El Olivenöl
2 Dosen stückige Tomaten
Salz
Pfeffer
1 Prise Zucker
1 Tl getrockneter Oregano

Pro Portion ca. 392 kcal/1641 kJ,
9 g E, 9 g F, 67 g KH
Zubereitungszeit: ca. 35 Minuten
(plus Garzeit)

1. Die Süßkartoffeln schälen, die Enden abschneiden und mit dem Spiralschneider in dünne Spaghetti schneiden, zwischendurch die Nudeln kürzen.

2. Den Knoblauch und die Zwiebel schälen und fein hacken. Den Mangold waschen und putzen. Die Stiele am Blattansatz abschneiden und klein würfeln. Die Blätter halbieren und in ca. 1 cm feine Streifen schneiden. Die Oliven entkernen und halbieren.

3. Das Olivenöl in einer Pfanne erhitzen, Zwiebel, Knoblauch und Mangoldstiele 4–5 Minuten anschwitzen. Die Tomatenstücke und die Oliven zugeben. Mit Salz, Pfeffer, Zucker und Oregano würzen und ca. 5 Minuten köcheln lassen.

4. Die Mangoldblätter zugeben und weitere 6 Minuten köcheln lassen. In den letzten 2–3 Minuten Garzeit die Süßkartoffelspaghetti zugeben. Nochmals abschmecken und auf Tellern anrichten.

 **Vegetarisch**

SCHARFE SPAGHETTI

aus Zucchini und Pastinake

FÜR 4 PORTIONEN

Zutaten

400 g Tomaten
500 g Pastinaken
500 g Zucchini
Salz
2 Knoblauchzehen
1 große Zwiebel
80 g in Öl eingelegte Tomaten
4 Stiele Basilikum
8 El Olivenöl
Pfeffer
Chiliflocken
60 g frisch geriebener
Parmesan

*Pro Portion ca. 299 kcal/1252 kJ,
7 g E, 28 g F, 9 g KH
Zubereitungszeit: ca. 30 Minuten
(plus Garzeit)*

1. Die Tomaten putzen, kreuzweise einschneiden, überbrühen, häuten und entkernen. Das Fruchtfleisch klein würfeln. Die Pastinaken putzen und schälen. Die Zucchini waschen. Jeweils die Enden abschneiden. Pastinaken und Zucchini nacheinander mit dem Spiralschneider in dünne Spaghetti schneiden. Zwischendurch die Nudeln kürzen. Die Zucchininudeln salzen und beiseitestellen.

2. Den Knoblauch und die Zwiebel schälen und fein hacken. Die getrockneten Tomaten klein schneiden. Das Basilikum waschen, trocken schütteln, die Blätter abzupfen und grob hacken. Die Zucchininudeln unter fließend kaltem Wasser abspülen und vollständig abtropfen lassen.

3. In einer Pfanne das Olivenöl erhitzen und den Knoblauch und die Zwiebel glasig andünsten. Die Pastinakennudeln dazugeben und unter Rühren ca. 1 Minute anbraten. Die Zucchininudeln zugeben und 1 weitere Minute braten. Die getrockneten und frischen Tomaten zugeben, mit Salz, Pfeffer und Chiliflocken abschmecken. Auf Tellern anrichten, mit Basilikum und Parmesan bestreuen und sofort servieren.

 **Vegetarisch**

INGWERHÄHNCHEN
mit Spinat und Wildreis

FÜR 4 PORTIONEN

Zutaten

200 g Wildreis
640 g Hähnchenbrustfilet
Salz
Pfeffer
20 g frischer Ingwer
2 Knoblauchzehen
320 g Spinat
1 Stange Lauch
1 El Rapsöl
6 El Sojasauce
Saft von 1 Zitrone

Pro Portion ca. 399 kcal/1671 kJ,
46 g E, 6 g F, 40 g KH
Zubereitungszeit: ca. 30 Minuten
(plus Garzeit)

1. Den Wildreis nach Packungsanleitung zubereiten. In der Zwischenzeit die Hähnchenbrustfilets waschen und trocken tupfen. Die Filets zwischen Frischhaltefolie legen und mit einem Fleischklopfer die dicken Stellen etwas flach klopfen, sodass die Stücke ungefähr gleich dick sind. Mit Salz und Pfeffer würzen.

2. Ingwer und Knoblauch schälen und beides in Stifte schneiden. Den Spinat verlesen, waschen und trocknen. Den Lauch waschen, putzen und in Ringe schneiden.

3. In einer großen Pfanne das Rapsöl erhitzen. Ingwer- und Knoblauchstifte hinzufügen und kurz anschwitzen. Die Hähnchenbrustfilets dazugeben und von beiden Seiten kräftig anbraten. Die Hitze reduzieren und die Filets unter mehrmaligem Wenden weiterbraten, bis sie durchgebraten sind. Die Hähnchenbrustfilets auf einen Teller geben und warm halten.

4. Knoblauch und Ingwer aus der Pfanne nehmen. Den Bratensatz erneut erhitzen. Lauch und Spinat hineingeben, kurz anschwitzen, dann mit Sojasauce und 100 ml Wasser ablöschen. Noch einmal kurz aufkochen.

5. Den Reis mit dem Zitronensaft vermengen. Die Hähnchenbrustfilets mit dem Reis und dem Gemüse servieren.

HÜHNERFRIKASSEE

mit frischem Spargel

FÜR 4 PORTIONEN

Zutaten

1 Suppenhuhn
Salz
1 Stange Lauch
1 Möhre
1 kleine Zwiebel
500 g frischer Spargel
150 g Champignons
80 g Butter
80 g Weizenmehl
150 g Erbsen (TK)
100 ml Sahne
1–2 Eigelb
Pfeffer
Saft von ½ Zitrone

Pro Portion ca. 1040 kcal/4354 kJ,
58 g E, 79 g F, 26 g KH
Zubereitungszeit: ca. 45 Minuten
(plus Garzeit)

1. Das Suppenhuhn gründlich unter fließendem Wasser abbrausen. Das Huhn in einen Topf geben, mit ca. 2 l Wasser bedecken und zum Kochen bringen. Anschließend salzen und 1 ½–1 ¾ Stunden kochen, den entstehenden Schaum mehrmals abschöpfen.

2. Den Lauch putzen, waschen und in Stücke schneiden. Die Möhre putzen, schälen und in Stücke schneiden. Die Zwiebel mit Schale halbieren. Nach 1 Stunde Kochzeit das Gemüse zum Huhn geben und alles weitere 30–45 Minuten leise köcheln lassen.

3. Wenn das Fleisch gar ist, das Huhn aus dem Topf heben und abkühlen lassen. Anschließend häuten und das Fleisch klein schneiden. Die Hühnerbrühe durchseihen und 1 l abmessen. Den Spargel schälen, die Enden abschneiden und die Stangen in Stücke schneiden. Die Champignons putzen, von den Stielen befreien und vierteln.

4. Die Butter in einem Topf zerlassen, die Champignons darin andünsten. Dann das durchgesiebte Mehl unter ständigem Rühren hinzufügen. Nach und nach die Brühe hinzufügen, dabei ständig rühren, damit die Sauce nicht klumpt. Alles zum Kochen bringen und die Spargelstücke darin etwa 5 Minuten kochen. Die Erbsen hinzufügen und weitere 3 Minuten köcheln lassen. Dann das Hühnerfleisch dazugeben. Die Sahne mit dem Eigelb verquirlen und die Mischung in die Sauce rühren. Alles noch einmal erhitzen und mit Salz, Pfeffer und Zitronensaft abschmecken. Das Hühnerfrikassee schmeckt am besten mit Reis.

Schwedisches
DILLFLEISCH

FÜR 4–6 PORTIONEN

Zutaten

1 kg Kalb- oder Lammfleisch
1 Lorbeerblatt
Salz
1 Pastinake
2 Möhren
1 Lauchstange
6 angestoßene Pfefferkörner
800 g festkochende Kartoffeln
1 El Butter
1 El Mehl
100 ml Sahne
2 Tl Zucker
2 Tl Essig
Pfeffer
1 Bund Dill

Pro Portion ca. 500 kcal/2093 kJ,
44 g E, 19 g F, 37 g KH
Zubereitungszeit: ca. 30 Minuten
(plus Garzeit)

1. Das Fleisch unter fließendem Wasser waschen, in einen Topf geben und mit Wasser bedecken. Aufkochen lassen und den entstehenden Schaum abschöpfen. Das Lorbeerblatt und 1 Teelöffel Salz hinzufügen und 1 Stunde simmern lassen.

2. Das Gemüse, außer den Kartoffeln, waschen, schälen, putzen und grob würfeln. Nach 1 Stunde das Gemüse mit den Pfefferkörnern zum Fleisch geben und weitere 30 Minuten simmern lassen. Die Kartoffeln schälen, in Salzwasser 20–25 Minuten garen und warm halten.

3. Das Fleisch herausnehmen. Die Brühe durch ein Sieb abgießen, aufbewahren und das Gemüse warm halten. Die Butter schmelzen, das Mehl einrühren und die Sahne und so viel Brühe zugießen, bis die Sauce eine cremige Konsistenz hat. Ca. 5 Minuten köcheln lassen. Den Zucker und den Essig hinzufügen und mit Pfeffer und Salz abschmecken. Den Dill waschen, trocken schütteln und grob hacken. Das Fleisch in Würfel schneiden, mit der Sauce, dem Gemüse und dem Dill mischen. Mit den Kartoffeln anrichten.

Fleisch & Geflügel

TAGLIATELLE

mit Gemüse und Schinken

FÜR 4 PORTIONEN

Zutaten

4 Frühlingszwiebeln
300 g Kochschinken
400 g Erbsen (TK)
100 g frisch geriebener Parmesan
300 ml Sahne
2 Tl Salz
1 Msp. Pfeffer
400 g Vollkorntagliatelle

Pro Portion ca. 863 kcal/3613 kJ,
47 g E, 36 g F, 87 g KH
Zubereitungszeit: ca. 15 Minuten
(plus Garzeit)

1. Die Frühlingszwiebeln waschen, putzen und in feine Ringe schneiden. Den Schinken in dünne Streifen schneiden.

2. Von den Frühlingszwiebeln 2 Esslöffel abnehmen und beiseitestellen. Die restlichen Frühlingszwiebeln mit Schinken, Erbsen, Parmesan, Sahne, 800 ml Wasser, Salz, Pfeffer und den Nudeln in einen beschichteten Topf geben und einmal aufkochen. Anschließend umrühren und bei geschlossenem Deckel und mittlerer Hitze circa 10 Minuten köcheln lassen. Wenn die Sauce zu dickflüssig ist, noch etwas Wasser hinzufügen.

3. Die Tagliatelle vor dem Servieren gut durchrühren und mit den restlichen Frühlingszwiebeln bestreuen.

Fleisch & Geflügel

LAMMKOTELETTS
mit Speckbohnchen

FÜR 4 PORTIONEN

Zutaten

1 kg Lammkoteletts
Saft von 2 Zitronen
Salz
Pfeffer
150 ml Olivenöl
6 Knoblauchzehen
6 Stängel Rosmarin
6 Stängel Thymian
2 Zwiebeln
12 Cocktailtomaten
300 g grüne Bohnen
2 Schalotten
70 g Speck
2 Tl Butter
Bohnenkraut nach Geschmack

Pro Portion ca. 1183 kcal/4953 kJ,
36 g E, 113 g F, 7 g KH
Zubereitungszeit: ca. 35 Minuten
(plus Marinier- und Backzeit)

1. Die Lammkoteletts waschen und trocken tupfen. Den Zitronensaft kräftig mit Salz und Pfeffer würzen und 100 ml Olivenöl einrühren. Den Knoblauch schälen, in dünne Scheiben schneiden und in die Marinade geben. Die Marinade in einen Gefrierbeutel geben und die Koteletts dazugeben. Möglichst viel Luft aus der Tüte herausdrücken und die Tüte gut verschließen. Die Koteletts mindestens 2 Stunden, besser länger, marinieren lassen.

2. Den Backofen auf 180 °C vorheizen. Die Kräuter waschen und trocken schütteln. Etwas Olivenöl in eine Auflaufform geben, verstreichen und die Kräuter darauf verteilen. Dazu die Zweige zerteilen. Die Zwiebeln schälen, vierteln und in der Auflaufform verteilen. Die Tomaten waschen, halbieren und ebenfalls in der Form verteilen. Die Koteletts aus der Marinade nehmen und nebeneinander in die Form legen. Die Marinade darübergießen und etwas Olivenöl darüberträufeln. Im Ofen ca. 40 Minuten backen, bis die Koteletts schön gebräunt sind.

3. Inzwischen die Bohnen waschen und putzen, dann in kräftig gesalzenem Wasser 8 Minuten lang kochen. Die Schalotten schälen und fein würfeln. Den Speck in möglichst feine Würfel schneiden. Die Butter in einer Pfanne zerlassen und die Schalotten und den Speck bei mittlerer Hitze anschwitzen. Sobald beides leicht gebräunt ist, die Bohnen und etwas Bohnenkraut zugeben. Umrühren und mit Salz und Pfeffer würzen. Die Bohnen mit dem Lamm und dem Ofengemüse servieren.

RINDERSTEAK
mit Bohnen-Minz-Püree
FÜR 4 PORTIONEN

Zutaten

30 g Haselnusskerne
600 g Blumenkohl
Salz
350 g Dicke Bohnen
aus dem Glas
100 ml Milch
4 Zweige Minze
Pfeffer
2 Tl Rapsöl
4 Rinderfiletsteaks (à ca. 250 g)
2 El Sojasauce
frisch geriebene Muskatnuss

Pro Portion ca. 483 kcal/2022 kJ,
57 g E, 16 g F, 15 g KH
Zubereitungszeit: ca. 30 Minuten
(plus Garzeit)

1. Die Haselnüsse grob hacken. Den Blumenkohl waschen und die Röschen von den Stielen schneiden. In kochendem Salzwasser ca. 5 Minuten blanchieren, anschließend abgießen.

2. Für das Püree die Bohnen in einem Sieb abtropfen lassen, dann zusammen mit der Milch in einen Topf geben, aufkochen und 1–2 Minuten köcheln lassen. Die Minze waschen, trocken schütteln und die Blätter von den Stielen zupfen. Zu den Bohnen geben und alles fein pürieren. Mit Salz und Pfeffer abschmecken und warm halten.

3. In einer Pfanne 1 Teelöffel Rapsöl erhitzen, die Haselnüsse und die Blumenkohlröschen dazugeben und rundherum anbraten. In der Zwischenzeit das Fleisch waschen und trocken tupfen. Das restliche Öl in einer Grillpfanne erhitzen und die Steaks darin von beiden Seiten bis zum gewünschten Gargrad grillen. Die Steaks herausnehmen und mit Alufolie bedeckt ruhen lassen. Den Bratensatz in der Pfanne mit Sojasauce und 2 Esslöffel Wasser ablöschen. Den Blumenkohl mit Salz, Pfeffer und Muskat würzen. Die Steaks mit Bohnenpüree und Blumenkohl servieren. Mit Sauce beträufeln.

Fleisch & Geflügel

COUSCOUSSALAT

mit Rumpsteak

FÜR 4 PORTIONEN

Zutaten

220 g Zuckerschoten
Salz
2 rote Zwiebeln
4 Tomaten
12 El Sojasauce
8 El Limettensaft
8 El Mirin
3 El Sonnenblumenöl
1 El Sesamöl
8 El Couscous
4 Rumpsteaks (à ca. 200 g)
Pfeffer
8 El Butterschmalz
1 Bund glatte Petersilie

*Pro Portion ca. 649 kcal/2717 kJ,
54 g E, 35 g F, 28 g KH
Zubereitungszeit: ca. 30 Minuten
(plus Garzeit)*

1. Die Zuckerschoten waschen, putzen, halbieren und ca. 2 Minuten in leicht gesalzenem Wasser blanchieren. Abgießen und in Eiswasser abschrecken. Abtropfen lassen. Die Zwiebeln schälen, halbieren und in feine Scheiben schneiden. Die Tomaten waschen, vierteln, die Stielansätze entfernen und das Fruchtfleisch würfeln. Sojasauce mit Limettensaft, Mirin, Sonnenblumenöl und Sesamöl verrühren. Zwiebeln, Tomaten und Zuckerschoten hinzufügen. Den Couscous nach Packungsanweisung mit kochendem Wasser übergießen und ausquellen lassen.

2. Die Rumpsteaks waschen, trocken tupfen und den Fettrand einschneiden. Das Fleisch mit Salz und Pfeffer würzen und im heißen Butterschmalz von jeder Seite ca. 3 Minuten braten. In Alufolie wickeln und kurz ruhen lassen.

3. Die Petersilie waschen, trocken schütteln, die Blättchen abzupfen und grob hacken. Den Couscous mit einer Gabel auflockern und mit der Petersilie zum Salat geben. Gut vermischen und auf 4 Tellern anrichten. Das Fleisch in dünne Scheiben schneiden und auf dem Couscoussalat platzieren.

 **Fleisch & Geflügel**

HÄHNCHENCURRY

mit Basmatireis

FÜR 4 PORTIONEN

Zutaten

250 g Basmatireis
Salz
150 g Zuckerschoten
200 g grüner Spargel
1 große Süßkartoffel
300 g Hühnerbrustfilet
etwas Weizenmehl
1 Zwiebel
2 Stängel Zitronengras
2 El Erdnussöl
2 Tl rote Currypaste
400 ml Kokosmilch
etwas Limettensaft
1 Tl Palmzucker nach Belieben
(ersatzweise brauner Zucker)

1 El asiatische Fischsauce
oder Salz

Pro Portion ca. 565 kcal/2366 kJ,
26 g E, 22 g F, 55 g KH
Zubereitungszeit: ca. 30 Minuten
(plus Garzeit)

1. Den Basmatireis nach Packungsanweisung in Salzwasser garen. Die Zuckerschoten und den Spargel waschen und putzen. Den Spargel im unteren Drittel schälen, die trockenen Enden abschneiden. Die Zuckerschoten längs halbieren, den Spargel in mundgerechte Stücke schneiden. Die Süßkartoffel schälen, unter fließendem Wasser abspülen und in etwa 1 cm große Würfel schneiden.

2. Die Hühnerbrust waschen, trocken tupfen und in Streifen schneiden. Mit Mehl bestäuben. Die Zwiebel schälen und fein hacken. Das Zitronengras waschen und mit einem Messerrücken mehrmals daraufklopfen, sodass die Stängel aufgebrochen sind.

3. Das Erdnussöl mit der Currypaste und den Zwiebeln in einer Pfanne bei mittlerer Temperatur erhitzen und so lange rühren, bis der Curry intensiv duftet. Die Kokosmilch angießen. Das Zitronengras zugeben und alles ca. 5 Minuten abgedeckt köcheln lassen. Das Gemüse und das Fleisch zugeben und ca. 8 Minuten garen. Das Curry mit Limettensaft, Palmzucker und Fischsauce abschmecken und mit dem Reis servieren.

 Fleisch & Geflügel

PUTENSTEAKS
mit Apfel-Spitzkohl
FÜR 4 PORTIONEN

Zutaten

Für das Gemüse
1 Zwiebel
1 kleine Knolle Kohlrabi
1 mittelgroßer Apfel
1 Spitzkohl
2 El Olivenöl
300 ml Gemüsebrühe
150 g Crème fraîche
Salz
Pfeffer
1 Beet Kresse

Für die Putensteaks
2 Putenbrustfilets (à ca. 300 g)
Salz
Pfeffer
2–3 El Olivenöl

Pro Portion ca. 432 kcal/1809 kJ,
41 g E, 23 g F, 14 g KH
Zubereitungszeit: ca. 35 Minuten
(plus Garzeit)

1. Für das Gemüse die Zwiebel und den Kohlrabi schälen. Den Apfel waschen, vierteln und das Kerngehäuse entfernen. Die Zwiebel fein hacken, den Kohlrabi und den Apfel in ca. 1 cm große Würfel schneiden. Den Spitzkohl putzen, vierteln, den Strunk entfernen und in Streifen schneiden. Anschließend waschen und abtropfen lassen. Das Olivenöl in einem großen Topf erhitzen und die Zwiebel und den Kohlrabi ca. 4 Minuten anbraten. Den Spitzkohl zugeben und weitere 4 Minuten braten. Die Gemüsebrühe dazugießen und alles bei kleiner Hitze 8–10 Minuten köcheln lassen. Den Apfel und die Crème fraîche zugeben und das Gemüse mit Salz und Pfeffer abschmecken.

2. Die Putenbrustfilets waschen und trocken tupfen. Das Fleisch jeweils längs halbieren und dann quer in ca. 3 cm dicke Scheiben schneiden. Das Fleisch mit Salz und Pfeffer würzen. In einer Pfanne das Öl erhitzen und die Putensteaks beidseitig gar braten. Das Spitzkohl-Gemüse auf Tellern anrichten und mit den Putensteaks belegen. Die Kresse vom Beet schneiden, verlesen, waschen, trocken schütteln, darüberstreuen und sofort servieren.

Fleisch & Geflügel

SCHWEINEFILET
mit karamellisiertem Spargel

FÜR 4 PORTIONEN

Zutaten

Für die Kräuterbutter

1 Beet Kresse
4 Blätter Bärlauch
½ Bund glatte Petersilie
100 g weiche Butter
Salz
Pfeffer

Für den Spargel

1 kg weißer Spargel
Salz
20 g Butter
4 El Olivenöl
1 El Zucker

Für das Fleisch

800 g Schweinefilet
3 Stangen Staudensellerie
1 ½ l Hühnerfond

*Pro Portion ca. 538 kcal/2252 kJ,
40 g E, 39 g F, 8 g KH
Zubereitungszeit: ca. 50 Minuten
(plus Kühl- und Garzeit)*

1. Für die Kräuterbutter die Kresse abschneiden, verlesen, abspülen, trocken tupfen und hacken. In eine Schüssel geben. Den Bärlauch waschen, trocknen und hacken. Die Petersilie waschen, trocken schleudern und die Blättchen ebenfalls hacken. Beides zur Kresse geben. Die Butter dazugeben und alles mit etwas Salz und Pfeffer mit einer Gabel verkneten. Die Masse zur Rolle formen und für mindestens 1 Stunde kühl stellen.

2. Den Spargel waschen, trocknen, die unteren holzigen Enden abschneiden und die Stangen schälen. In siedendem Salzwasser mit der Butter in ca. 10 Minuten bissfest garen. Aus dem Topf nehmen, abschrecken und abtropfen lassen.

3. Das Fleisch waschen, trocken tupfen und parieren. Die dünnen Enden des Schweinefilets umschlagen und mit Küchengarn fixieren, sodass das Fleisch überall in etwa gleich dick ist. Den Staudensellerie putzen, waschen, trocknen und in Stücke schneiden. Den Hühnerfond mit dem Staudensellerie aufkochen, dann die Hitze reduzieren. Das Fleisch mit Küchengarn an einen Kochlöffel hängen. Diesen auf den Topf legen, sodass das Fleisch frei in der Flüssigkeit schwimmt. Das Fleisch unter dem Siedepunkt ca. 20 Minuten pochieren. Herausnehmen und in Folie gewickelt ca. 5 Minuten ruhen lassen.

4. Während das Fleisch gart, das Olivenöl in einer Pfanne erhitzen. Den Spargel trocken tupfen und darin anbraten. Mit dem Zucker bestreuen und kurz karamellisieren lassen. Das Fleisch mit Spargel und Kräuterbutter servieren. Dazu passen Kartoffeln.

~ **Fleisch & Geflügel** ~

MINUTENSTEAKS
im Bärlauchmantel

FÜR 4 PORTIONEN

Zutaten

Für das Fleisch
1 Bund Bärlauch
50 g gemahlene Haselnüsse
3 El Olivenöl
8 Minutensteaks aus der Hüfte
(à ca. 75 g)
2 Eier
2 altbackene Brötchen
100 ml Sonnenblumenöl
Salz
Pfeffer

Für den Salat
100 ml Olivenöl
2 El Aceto Balsamico
1 El Zitronensaft
Salz
Pfeffer
2 Bund Rucola
12 Cocktailtomaten
2 Schalotten
75 g Parmesan

Pro Portion ca. 1050 kcal/4396 kJ,
52 g E, 82 g F, 27 g KH
Zubereitungszeit: ca. 40 Minuten
(plus Marinier- und Garzeit)

1. Den Bärlauch waschen, trocken tupfen und die Blättchen grob hacken. Mit den Haselnüssen und dem Olivenöl zu einer Paste pürieren. Die Steaks waschen, trocken tupfen und mit der Paste bestreichen. Abgedeckt bei Zimmertemperatur ca. 1 Stunde marinieren lassen.

2. Die Eier in einem tiefen Teller verquirlen. Die Brötchen entrinden, zu Bröseln reiben und auf einen Teller geben (sind die Brötchen noch nicht trocken genug, in Scheiben schneiden und im Backofen kurz trocken rösten).

3. Für den Salat das Olivenöl mit Aceto Balsamico und Zitronensaft verschlagen. Mit Salz und Pfeffer pikant abschmecken. Den Rucola waschen, trocken schleudern und die Blätter in mundgerechte Stücke zupfen. Die Tomaten waschen, trocken reiben, die Stielansätze entfernen und die Früchte halbieren. Die Schalotten schälen und in feine Streifen schneiden. Alles mit dem Dressing vermischen. Den Parmesan grob raspeln und auf den Salat streuen.

4. Das Sonnenblumenöl in 2 Pfannen erhitzen. Die Steaks mit der Kräutermischung in den verquirlten Eiern wenden, dann salzen, pfeffern und in den Semmelbröseln wenden. Jede Seite ca. 3 Minuten goldgelb und knusprig braten. Die Steaks mit dem Rucolasalat servieren.

Überbackene
SPITZKOHL-HACKRÖLLCHEN

FÜR 4 PORTIONEN

Zutaten

1 Spitzkohl
Salz
2 Mozzarellakugeln
1 Zwiebel
2 Knoblauchzehen
2 El Maisöl oder Sonnenblumenöl
500 g gemischtes Hackfleisch
1 Ei
1 El Dijonsenf
Pfeffer
100 g gewürfelter Speck
20 g getrocknete Steinpilze
400 ml Sahne
120 g Käse (z. B. Cheddar oder Gouda)

Außerdem

Butter zum Einfetten
Auflaufform 20 x 28 cm

Pro Portion ca. 1046 kcal/4379 kJ,
50 g E, 89 g F, 13 g KH
Zubereitungszeit: ca. 35 Minuten
(plus Gar- und Backzeit)

1. Den Strunk des Spitzkohls kegelförmig herausschneiden. 5 große oder 10 kleinere Spitzkohlblätter vorsichtig abtrennen. Die dicken Blattadern herausschneiden und die Blätter in einem großen Topf mit reichlich siedendem Salzwasser etwa 10 Minuten blanchieren. Herausnehmen und abtropfen lassen.

2. Den Backofen auf 175 °C vorheizen. Eine Auflaufform mit Butter einfetten. Den Mozzarella abtropfen lassen, anschließend hacken. Zwiebel und Knoblauch schälen und fein hacken.

3. Das Öl in einer Pfanne erhitzen und die Zwiebel mit dem Knoblauch darin etwa 5 Minuten andünsten. In eine Schüssel umfüllen und mit Hackfleisch, Ei, Senf, etwas Salz und Pfeffer vermengen. Auf jedes Kohlblatt (bei kleinen Blättern 2 nebeneinanderlegen) Hackrollen so lang wie die Breite der Auflaufform setzen. Die Blätter aufrollen, in die Form setzen und mit Speckwürfeln bestreuen.

4. Die Pilze mit 1 Schuss Sahne pürieren. Die restliche Sahne dazurühren und diese Mischung über die Röllchen gießen. Auf der zweiten Schiene von unten etwa 40 Minuten garen.

5. Den Backofengrill anstellen und den Käse reiben. Über die Röllchen streuen und 3–7 Minuten goldbraun backen. Die Röllchen mit der Sauce und nach Belieben mit etwas Quinoa servieren.

Fleisch & Geflügel

LACHS-QUICHE
mit Spinat und Sauerampfer

FÜR 12 STÜCKE

Zutaten

Für den Teig
125 g Butter
250 g Mehl
½ Tl Salz , 1 Ei

Für die Füllung
2 Knoblauchzehen
500 g Babyspinat
1 Bund Sauerampfer
2 Tl Rapsöl
Salz, Pfeffer
300 g Lachsfilet
1 Tl abgeriebene Schale von
1 unbehandelten Zitrone
2 Tl Zitronensaft

Für den Guss
1 Bund Dill
250 g Crème fraîche
3 Eier
Salz, Pfeffer

Außerdem
Butter für die Form
Mehl für die Arbeitsfläche

Pro Stück ca. 320 kcal/1340 kJ,
11 g E, 24 g F, 16 g KH
Zubereitungszeit: ca. 40 Minuten
(plus Kühl- und Backzeit)

1. Für den Teig die Butter würfeln und zusammen mit 1 Esslöffel eiskaltem Wasser und den anderen Zutaten zügig zu einem Teig verkneten. In Folie wickeln und ca. 1 Stunde kühl stellen.

2. Den Backofen auf 200 °C vorheizen. Die Form mit Butter einfetten. Den Teig auf einer bemehlten Arbeitsplatte ausrollen und die Form damit auskleiden. Dabei einen Rand formen. Den Teig mit einer Gabel mehrfach einstechen und auf der zweiten Schiene von unten ca. 10 Minuten vorbacken. Herausnehmen und abkühlen lassen. Die Backofentemperatur auf 180 °C herunterschalten.

3. Für die Füllung den Knoblauch schälen und hacken. Den Spinat verlesen, waschen und abtropfen lassen. Den Sauerampfer waschen und die Blättchen abzupfen. Das Rapsöl in einem Topf erhitzen, den Knoblauch darin unter Rühren ca. 3 Minuten andünsten, dann den Spinat dazugeben. Salzen, pfeffern und bei mittlerer Hitze zusammenfallen lassen. Den Spinat in ein Sieb geben und abtropfen lassen. Den Lachs waschen, trocken tupfen und in mundgerechte Würfel schneiden. Mit Zitronenschale, -saft und den Sauerampferblättern vermengen.

4. Für den Guss den Dill waschen und trocken tupfen. Die feinen Dillzweige hacken. Die Crème fraîche mit den Eiern, Salz, Pfeffer und dem Dill verrühren.

5. Den abgetropften Spinat auf dem Teigboden verteilen. Darauf die Lachsmischung geben. Alles mit dem Guss bedecken und auf der mittleren Schiene ca. 35 Minuten backen.

Fisch & Meeresfrüchte

KABELJAUFILET

in Zitronensauce

FÜR 4 PORTIONEN

Zutaten

600 g Kabeljaufilet
600 g grüner Spargel
200 g Zuckerschoten
300 g Farfalle
Salz
2 El Butter
schwarzer Pfeffer
400 ml Gemüsebrühe
6 El Schmand
1–2 El heller Saucenbinder
1 Tl abgeriebene Schale sowie 1–2 El
Saft von 1 unbehandelten Zitrone
1 Prise Zucker

Pro Portion ca. 631 kcal/2642 kJ,
41 g E, 24 g F, 60 g KH
Zubereitungszeit: ca. 30 Minuten
(plus Garzeit)

1. Den Kabeljau abspülen, trocken tupfen und in ca. 2 cm große Stücke schneiden. Den grünen Spargel im unteren Drittel schälen und die holzigen Enden abschneiden. Die Stangen schräg in dünne Scheiben schneiden. Die Zuckerschoten putzen, waschen und jeweils halbieren.

2. Die Nudeln in kochendem Salzwasser nach Packungsanweisung garen und abtropfen lassen.

3. Die Butter in einer Pfanne zerlassen, den Spargel darin andünsten. Mit Salz und Pfeffer würzen. Gemüsebrühe und Schmand zugeben, aufkochen und bei mittlerer Hitze ca. 3 Minuten köcheln lassen.

4. Zuckerschoten, Fischstücke und Saucenbinder zugeben und weitere 4–5 Minuten garen lassen. Mit Zitronenschale, Zitronensaft und Zucker abschmecken. Die Nudeln vorsichtig unter die Sauce mischen.

ᔅ **Fisch & Meeresfrüchte** ᔐ

GEBRATENER KABELJAU
auf Mangold-Bohnen

FÜR 4 PORTIONEN

Zutaten

Für den Fisch

4 Kabeljaufilets (à ca. 150 g,
ohne Haut und Gräten)
Salz, Pfeffer
2 El Olivenöl

Pro Portion ca. 297 kcal/1243 kJ,
34 g E, 12 g F, 12 g KH
Zubereitungszeit: ca. 30 Minuten
(plus Garzeit)

Für das Gemüse

1 Zwiebel
600 g Mangold
1 Dose Cannellini-Bohnen
(Abtropfgewicht 230 g)
2 unbehandelte Orangen
3 Zweige Thymian
2 El Olivenöl
Salz, Pfeffer

1. Die Fischfilets waschen, trocken tupfen und mit Salz und Pfeffer würzen. Die Zwiebel schälen und fein hacken. Den Mangold waschen. Die Stiele am Blattansatz abschneiden und klein würfeln. Die Blätter halbieren und in feine Streifen schneiden. Die Bohnen in einem Sieb abspülen und abtropfen lassen. Die Orangen schälen und filetieren, den Saft dabei auffangen und den Rest auspressen. Den Thymian waschen, trocken schütteln und die Blättchen abzupfen.

2. In einer Pfanne das Olivenöl erhitzen, die Zwiebeln und Mangoldstiele 5–6 Minuten darin anbraten. Mangoldblätter, Bohnen und Orangensaft zugeben und weitere 5–6 Minuten braten. Die Orangenfilets und den Thymian dazugeben und das Gemüse mit Salz und Pfeffer abschmecken.

3. Für den Kabeljau das Olivenöl in einer Pfanne erhitzen und die Filets beidseitig 8–10 Minuten gar braten. Das Mangold-Bohnen-Gemüse mit dem gebratenen Kabeljau servieren.

ᴗ Fisch & Meeresfrüchte ᴗ

KABELJAU MIT SENFKRUSTE
und Radieschen-Salat
FÜR 4 PORTIONEN

Zutaten

Für den Radieschen-Salat

1 kg festkochende Kartoffeln
1 Zwiebel
200 ml Gemüsebrühe
4 El Apfelessig
1 El körniger Senf
1 Prise Zucker
Salz
Pfeffer
1 Bund Radieschen
1 Bund Schnittlauch
2 El Leinöl

Für den Kabeljau

4 Kabeljaufilets (à ca. 150 g,
ohne Haut und Gräten)
Salz
Pfeffer
4 El körniger Senf
2 El Olivenöl

Pro Portion ca. 425 kcal/1779 kJ,
33 g E, 13 g F, 42 g KH
Zubereitungszeit: ca. 30 Minuten
(plus Garzeit und Zeit zum
Ziehen)

1. Die Kartoffeln waschen und 30 Minuten kochen. Abgießen und ausdampfen lassen. Kartoffeln pellen und in Scheiben schneiden.

2. Inzwischen die Zwiebel schälen und klein würfeln. Die Gemüsebrühe aufkochen, Zwiebel zugeben und Topf vom Herd ziehen. Essig und Senf unterrühren. Die Kartoffeln zugeben, mit Zucker, Salz und Pfeffer würzen und 30 Minuten ziehen lassen.

3. Die Radieschen waschen, putzen und in Scheiben schneiden oder hobeln. Den Schnittlauch waschen, trocken schütteln und in Röllchen schneiden. Vorsichtig unter den Kartoffelsalat heben, das Leinöl unterrühren und nochmals abschmecken.

4. Für den Kabeljau die Filets waschen, trocken tupfen, mit Salz und Pfeffer würzen und mit je 1 Esslöffel Senf bestreichen. In einer Pfanne das Olivenöl erhitzen und die Filets beidseitig 8–10 Minuten anbraten. Den Radieschen-Salat mit dem Kabeljau servieren.

⸱ Fisch & Meeresfrüchte ⸱

GEKOCHTER DORSCH
mit Senfsauce

FÜR 4–6 PORTIONEN

Zutaten

Für den Fisch

1 kg Dorschfilet
1 Zwiebel
6 Pimentkörner
6 Pfefferkörner
2 Lorbeerblätter
Salz
600 g Kartoffeln
4–5 Stängel glatte Petersilie

Für die Senfsauce

3 El Butter
3 El Mehl
200 ml kalte Milch
1 El Speisestärke
1 El Dijonsenf
Salz
Pfeffer

Pro Portion ca. 385 kcal/1612 kJ,
48 g E, 8 g F, 28 g KH
Zubereitungszeit: ca. 20 Minuten
(plus Zeit zum Ziehen und Garzeit)

1. Den Fisch waschen und trocken tupfen. Die Zwiebel schälen und vierteln. In einem großen Topf 3 Liter Wasser mit Piment, Pfeffer, Lorbeerblättern, Zwiebel und ½ Teelöffel Salz aufkochen. Die Hitze so weit reduzieren, bis das Wasser nur leicht simmert. Dann den Dorsch hineinlegen und ca. 20 Minuten ziehen lassen. Der Fisch kann anschließend für 10 Minuten warm gehalten werden. Der heiße Sud sollte dafür abgegossen werden. 200 ml vom Sud für die Sauce beiseitestellen.

2. Die Kartoffeln schälen und in Salzwasser ca. 20 Minuten garen, anschließend warm halten. Die Petersilie waschen, trocken schütteln, die Blätter abzupfen und diese hacken.

3. Für die Sauce die Butter schmelzen, das Mehl einrühren und aufkochen lassen. Kalte Milch einrühren, anschließend den Fischsud dazugeben. Die Sauce 5 Minuten köcheln lassen. Die Speisestärke in etwas Wasser glatt rühren und nur so viel zur Sauce geben, bis die gewünschte Konsistenz erreicht ist. 2 Minuten köcheln lassen, anschließend vom Herd nehmen. Den Senf einrühren und mit Salz und Pfeffer abschmecken. Mit Kartoffeln und Senfsauce servieren.

SPAGHETTI
mit Cocktailtomaten und Garnelen

FÜR 4 PORTIONEN

Zutaten

400 g Garnelen (TK)
2 kleine Zwiebeln
2 Knoblauchzehen
400 g Cocktailtomaten
6 El Olivenöl
1 El Tomatenmark
300 ml Gemüsebrühe
400 g Spaghetti
Salz
8 Zweige Basilikum
Pfeffer
1 Prise Zucker

Pro Portion ca. 551 kcal/2307 kJ,
14 g E, 22 g F, 73 g KH
Zubereitungszeit: ca. 25 Minuten
(plus Zeit zum Auftauen und Garzeit)

1. Die Garnelen in einem Sieb vollständig auftauen lassen, dann trocken tupfen. Inzwischen die Zwiebeln und die Knoblauchzehen schälen und fein würfeln. Die Cocktailtomaten waschen und halbieren.

2. 2 Esslöffel Olivenöl in einer großen, hohen Pfanne erhitzen und die aufgetauten Garnelen darin etwa 3 Minuten braten, bis sie nicht mehr glasig sind. Herausnehmen und beiseitestellen.

3. Nochmals 2 Esslöffel Öl in die Pfanne geben und die Zwiebeln und den Knoblauch bei mittlerer Hitze glasig dünsten. Das Tomatenmark dazugeben und kurz anrösten. Dann die Gemüsebrühe angießen, weitere 2 Esslöffel Öl dazugeben und alles gut verrühren. Die Tomaten untermischen und alles offen bei milder Hitze etwa 5 Minuten köcheln lassen.

4. Inzwischen die Spaghetti nach Packungsanweisung in reichlich Salzwasser bissfest garen. Die Basilikumblättchen abzupfen, waschen, trocken tupfen und in Streifen schneiden.

5. Die Garnelen vorsichtig unter die Sauce mischen und alles mit Salz, Pfeffer und etwas Zucker würzig abschmecken. Die Nudeln abgießen, abtropfen lassen und mit der Sauce auf Tellern anrichten. Mit dem Basilikum bestreuen.

⸜ **Fisch & Meeresfrüchte** ⸝

SEELACHS
mit Erbsenpüree
FÜR 4 PORTIONEN

Zutaten

Für den Seelachs
4 Zweige Petersilie
4 Zweige Basilikum
4 Zweige Dill
50 g geschälte Hanfsamen
50 g zimmerwarme Butter
Salz
Pfeffer
4 Seelachsfilets (à ca. 150 g)

Für das Püree
1 Zwiebel
1 Knoblauchzehe
2 El Rapsöl
500 g Erbsen (TK)

200 ml Buttermilch
Salz
Pfeffer
Muskatnuss

Außerdem
Butter für die Auflaufform

Pro Portion ca. 443 kcal/1855 kJ,
39 g E, 24 g F, 19 g KH
Zubereitungszeit: ca. 25 Minuten
(plus Backzeit)

1. Den Backofen auf 200 °C vorheizen. Eine Auflaufform einfetten. Für die Kruste die Kräuter waschen, trocken schütten und fein hacken. Mit den Hanfsamen und der Butter verrühren und mit Salz und Pfeffer würzen.

2. Den Seelachs waschen, trocken tupfen und salzen. Die Fischfilets in die Form legen und mit der Krustenmasse bestreichen. Im Backofen 10–12 Minuten backen.

3. Inzwischen für das Püree die Zwiebel und die Knoblauchzehe schälen und fein hacken. In einem Topf das Rapsöl erhitzen und die Zwiebel und den Knoblauch glasig andünsten. Die Erbsen und die Buttermilch dazugeben und alles aufkochen lassen. Den Topf vom Herd ziehen und alles mit einem Pürierstab grob pürieren. Mit Salz, Pfeffer und Muskatnuss abschmecken. Das Püreee auf Tellern anrichten und mit dem Seelachs servieren.

Fisch & Meeresfrüchte

ZITRONENREIS

mit Dill und Lachs

FÜR 4 PORTIONEN

Zutaten

½ Bund Dill
1 unbehandelte Zitrone
4 Lachsfilets (à ca. 150 g)
200 g Basmatireis
125 g Frischkäse
200 ml Sahne
1 Tl Salz
1 Msp. Pfeffer
1 Prise Zucker

Pro Portion ca. 716 kcal/2998 kJ,
38 g E, 45 g F, 42 g KH
Zubereitungszeit: ca. 20 Minuten
(plus Garzeit)

1. Den Dill waschen, trocken schütteln und fein hacken. Die Zitrone heiß abspülen, abtrocknen und die Schale abreiben. Den Lachs waschen und trocken tupfen.

2. Den Reis mit Dill, Zitronenabrieb, Frischkäse, Sahne, Salz, Pfeffer, Zucker und 300 ml Wasser in einen Topf geben, verrühren und aufkochen. Den Lachs obenauf legen und alles bei geschlossenem Deckel und mittlerer Hitze ca. 15 Minuten köcheln lassen. Wenn nötig, noch etwas Wasser nachgießen.

TIPP
Geht auch mit TK-Lachs, aber vorher auftauen lassen!

Fisch & Meeresfrüchte

ZUCCHINI-SCHIFFCHEN
mit Thunfisch und Bohnen

FÜR 4 PORTIONEN

Zutaten

4 mittelgroße Zucchini
800 g Cocktailtomaten
500 g weiße Bohnen aus dem Glas
280 g Thunfisch aus der Dose
2 El kleine Kapern
2 Frühlingszwiebeln
4 Stängel glatte Petersilie
100 g Parmesan
125 g Mozzarella
1 Ei
Salz
Pfeffer
2–3 El Semmelbrösel
1 getrocknete Chilischote
3 El Olivenöl

Außerdem
Basilikum zum Servieren

Pro Portion ca. 626 kcal/2621 kJ,
50 g E, 28 g F, 38 g KH
Zubereitungszeit: ca. 30 Minuten
(plus Backzeit)

1. Den Backofen auf 200 °C vorheizen. Ein tiefes Backblech mit Backpapier belegen. Die Zucchini waschen, trocknen, putzen und längs halbieren. Die runden Seiten leicht begradigen, sodass die Zucchini später nicht kippen, dann mithilfe eines Teelöffels das weiche Innere ausschaben.

2. Die Cocktailtomaten waschen, trocknen, putzen und halbieren. Die weißen Bohnen gründlich abspülen, dann abtropfen lassen. Den Thunfisch und die Kapern ebenfalls abtropfen lassen. Die Frühlingszwiebeln waschen, trocknen, putzen und in feine Ringe schneiden. Die Petersilie waschen, trocken schütteln und die Blättchen fein hacken. Den Parmesan fein reiben, den Mozzarella abtropfen lassen und klein hacken.

3. Den Thunfisch zerpflücken und zusammen mit Bohnen, Kapern, Frühlingszwiebeln, Petersilie und der Hälfte des Käses in eine Schüssel geben. Das Ei hinzufügen, alles mit Salz und Pfeffer würzen und mit den Semmelbröseln vermengen. Die Masse auf die Zucchinihälften verteilen. Den restlichen Käse darüberstreuen.

4. Die Zucchini-Schiffchen auf dem Blech verteilen. Die Tomaten dazulegen, mit Salz und Pfeffer würzen und die zerbröselte Chilischote darüberstreuen. Alles mit etwas Olivenöl beträufeln. Lose mit Alufolie abdecken und auf der unteren Schiene ca. 20 Minuten garen. Dann die Alufolie entfernen und weitere 20 Minuten garen. Mit frischem Basilikum garniert servieren.

⌣ **Fisch & Meeresfrüchte** ⌣

FISCHEINTOPF

mit Garnelen und Muscheln

FÜR 4 PORTIONEN

Zutaten

8 Garnelen (TK)
1 Zwiebel
2 Knoblauchzehen
2 Stangen Staudensellerie
150 g Möhren
1 Tl Olivenöl
400 ml Fischfond
½ Dose Safranfäden
400 g verschiedene fettarme
Fischfilets (z. B. Seelachs,
Kabeljau, Rotbarbe)
500 g küchenfertige
Miesmuscheln
½ Bund Kerbel
Salz, Pfeffer

Außerdem

4 Scheiben Dinkelvollkornbrot

Pro Portion ca. 250 kcal/1047 kJ,
33 g E, 4 g F, 19 g KH
Zubereitungszeit: ca. 35 Minuten
(plus Garzeit)

1. Die Garnelen in einem Sieb vollständig auftauen lassen, dann trocken tupfen. Die Zwiebel und den Knoblauch schälen und hacken. Den Staudensellerie putzen und waschen. Die Möhren putzen und schälen. Beides in kleine Würfel schneiden. Das Olivenöl in einem großen Topf erhitzen. Zwiebel, Knoblauch, Gemüsewürfel und Garnelen dazugeben und anschwitzen. Mit Fischfond und 200 ml Wasser ablöschen, die Safranfäden zugeben und alles aufkochen lassen.

2. In der Zwischenzeit die Fischfilets waschen, trocken tupfen und in mundgerechte Stücke schneiden. Die Muscheln unter fließend kaltem Wasser gründlich abspülen und säubern. Sobald die Flüssigkeit kocht, den Fisch und die Muscheln in den Topf geben. Alles bei geschlossenem Deckel ca. 5 Minuten bei reduzierter Hitze köcheln lassen, bis sich die Muscheln geöffnet haben (ungeöffnete Muscheln aussortieren – sie sind verdorben).

3. Den Kerbel waschen, trocken schütteln, fein hacken und in den Fischeintopf geben. Den Eintopf mit Salz und Pfeffer abschmecken und mit Brot servieren.

 **Fisch & Meeresfrüchte**

VOLLKORN-PAELLA
mit Garnelen
FÜR 4 PORTIONEN

Zutaten

20 Garnelen (TK)
½ Bund Petersilie
1 Zwiebel
3 Knoblauchzehen
1 rote Chilischote
2 Tl Olivenöl
200 g Vollkorn-Rundkornreis
800 ml Gemüsebrühe
400 g Blumenkohl
1 Dose Safranfäden (0,1 g)
200 g Erbsen (TK)
2 Prisen Zimt
Salz
Pfeffer
2 El Zitronensaft

Pro Portion ca. 342 kcal/1432 kJ,
21 g E, 5 g F, 50 g KH
Zubereitungszeit: ca. 35 Minuten
(plus Garzeit)

1. Die Garnelen in einem Sieb vollständig auftauen lassen, dann trocken tupfen. Die Petersilie waschen, trocken schütteln und die Blättchen klein schneiden. Zwiebel und Knoblauch schälen und in feine Würfel schneiden. Die Chilischote waschen, putzen und hacken. 1 Teelöffel Olivenöl in einem Topf erhitzen und die Zwiebel und den Knoblauch darin bei mittlerer Hitze anschwitzen. Chili und Reis hinzufügen und anbraten. Mit der Gemüsebrühe ablöschen, dabei so viel hinzugießen, dass der Reis knapp mit Flüssigkeit bedeckt ist. 20–25 Minuten köcheln lassen, dabei ab und zu Gemüsebrühe nachgießen und umrühren.

2. Den Blumenkohl waschen, die Röschen vom Strunk schneiden und nach 5 Minuten Kochzeit zusammen mit den Safranfäden unter den Reis heben. Nach weiteren 10 Minuten die Erbsen dazugeben und mit Zimt, Salz und Pfeffer würzen. In der Zwischenzeit das restliche Olivenöl in einer Pfanne erhitzen und die Garnelen darin von allen Seiten kross anbraten. Zusammen mit dem Zitronensaft und der Petersilie unter den Reis heben und servieren.

Fisch & Meeresfrüchte

LACHSFORELLE
mit Buchweizen und Brokkoli

FÜR 4–6 PORTIONEN

Zutaten

½ Gemüsezwiebel
1 Stange Lauch
3 Zweige Thymian
500 g Brokkoli
600 g Lachsforellenfilet
3 El Olivenöl
1 Prise Zucker
250 g Buchweizen
800 ml heiße Gemüsebrühe
100 g frisch geriebenen Parmesan
Salz
Pfeffer

Außerdem

flüssige Butter oder Olivenöl
zum Beträufeln nach Belieben
Topf mit Dämpfeinsatz

Pro Portion ca. 537 kcal/2248 kJ,
40 g E, 24 g F, 41 g KH
Zubereitungszeit: ca. 50 Minuten

1. Die Zwiebel schälen und fein hacken. Den Lauch putzen und waschen. Den weißen bis hellgrünen Teil fein hacken. Den Thymian waschen und trocken tupfen. Den Brokkoli waschen, putzen und in kleine Röschen teilen. Das Lachsforellenfilet kalt abspülen, trocken tupfen und nach Belieben in Portionsstücke teilen.

2. Das Olivenöl in einem normalen Topf erhitzen (der Topf mit Dämpfeinsatz wird erst später benötigt). Zwiebel und Lauch darin etwa 5 Minuten unter Rühren andünsten, Zucker hinzugeben. Den Buchweizen und den Thymian hinzugeben. Alles unter Rühren etwa 2 Minuten garen. Die Brühe hinzugießen und den Buchweizen bei milder Hitze etwa 30 Minuten garen. Dabei immer wieder umrühren.

3. In der Zwischenzeit in einem Topf mit Dämpfeinsatz etwas Salzwasser erhitzen. Den Brokkoli und die Lachsforelle auf dem Dämpfeinsatz verteilen und etwa 10 Minuten gar dämpfen.

4. Am Ende der Garzeit den Thymian aus dem Buchweizen-Risotto entfernen. Den Parmesan unterheben und alles mit Salz und Pfeffer abschmecken.

5. Das Risotto mit dem Fisch und dem Brokkoli servieren. Erneut mit Salz und Pfeffer abschmecken. Nach Belieben mit flüssiger Butter oder Olivenöl beträufeln.

Fisch & Meeresfrüchte

Weiße
SCHOKOLADENMOUSSE

FÜR 4 PORTIONEN

Zutaten

1 Vanilleschote
3 Eier
Salz
250 g weiße Schokolade
460 ml Sahne
250 g Waldbeeren (TK)
80 g Puderzucker
2 Tl Zitronensaft

Außerdem
Butter für die Form

Pro Portion ca. 565 kcal/2366 kJ,
8 g E, 40 g F, 45 g KH
Zubereitungszeit: ca. 30 Minuten
(plus Kühlzeit)

1. Die Vanilleschote aufschneiden, das Mark herauskratzen. Die Eier trennen, das Eiweiß mit 1 Prise Salz steif schlagen und kalt stellen. Die weiße Schokolade in Stücke brechen.

2. Die Schokolade mit dem Vanillemark und 80 ml Sahne im Wasserbad schmelzen. Sobald alles geschmolzen ist, den Topf vom Herd nehmen, 5 Minuten abkühlen lassen, dann das Eigelb einrühren.

3. Die restliche Sahne steif schlagen und unter die Schokoladenmasse rühren. Dann den Eischnee unterheben und alles in Dessertförmchen portionieren. Im Kühlschrank mindestens 3 Stunden fest werden lassen.

4. Vor dem Servieren die Waldbeeren auftauen und mit dem Puderzucker pürieren. Mit Zitronensaft abschmecken. Die Schokoladenmousse stürzen oder im Förmchen belassen und mit der Beerensauce servieren.

Desserts

PANNA COTTA

mit Waldbeeren

FÜR 9 STÜCK

Zutaten

2 Blatt Gelatine
200 ml Sahne
3 El Rohrzucker
3 Zweige Zitronenthymian
20 ml Mandellikör
abgeriebene Schale von
½ unbehandelten Zitrone
135 g Blaubeeren (TK)
300 g Waldbeeren (TK)
(Himbeeren, Brombeeren,
Johannisbeeren)

Außerdem

9 Weck-Gläschen à 80 ml

Pro Stück ca. 126 kcal/528 kJ,
1 g E, 7 g F, 14 g KH
Zubereitungszeit: ca. 30 Minuten
(plus Kühlzeit)

1. Die Gelatine in kaltem Wasser einweichen und quellen lassen. Währenddessen die Sahne mit dem Zucker in einen kleinen Topf geben und unter ständigem Rühren langsam erwärmen. Den Zitronenthymian waschen, trocken schütteln und die Blättchen abzupfen. Den Mandellikör, die Thymianblättchen und den Zitronenabrieb zur Sahne geben und kurz aufkochen lassen. Sofort vom Kochfeld nehmen. Etwas Sahne abschöpfen und die abgetropfte Gelatine durch Rühren darin auflösen. Anschließend mit der restlichen Sahne vermengen.

2. Die aufgetauten Blaubeeren gleichmäßig auf die Gläschen verteilen, mit der noch warmen Panna Cotta auffüllen und im Kühlschrank für ca. 3 Stunden kühl stellen, damit die Sahne fest werden kann.

3. Anschließend 260 g der gemischten Waldbeeren pürieren, auf der Panna Cotta verteilen und mit den restlichen Waldbeeren garnieren.

PFANNKUCHEN
mit Rhabarber
FÜR 4 PORTIONEN

Zutaten

200 g Mehl
200 ml Milch
4 Eier
1 Prise Salz
150 g Rhabarber
4 El Rapsöl
3 El Puderzucker

Pro Portion ca. 341 kcal/1428 kJ,
14 g E, 13 g F, 43 g KH
Zubereitungszeit: ca. 10 Minuten
(plus Backzeit)

1. Das Mehl sieben und mit der Milch verrühren. Die Eier trennen. Das Eigelb unter die Mehl-Milch-Mischung rühren. Das Eiweiß mit dem Salz steif schlagen und mit einem Schneebesen portionsweise unter den Pfannkuchenteig heben.

2. Den Rhabarber waschen, putzen und in 0,5 cm große Stücke schneiden.

3. Den Backofen auf 200 °C vorheizen. In einer gusseisernen Pfanne 1 Esslöffel Rapsöl erhitzen. Ein Viertel des Teigs in die Pfanne gießen und den Rhabarber darüber verteilen. Den Pfannkuchen 10 Minuten im Backofen goldgelb backen. Mit den übrigen drei Pfannkuchen gleichermaßen verfahren.

4. Mit Puderzucker bestreut servieren.

SCHOKOLADENPUDDING

mit Himbeersirup

FÜR 4 PORTIONEN

Zutaten

6 g Agar-Agar-Pulver
125 ml Milch
450 ml Sahne
3 Eigelb
165 g Zucker
160 g dunkle Schokolade
250 g Himbeeren (TK)
1 Tl frisch gepresster Zitronensaft
1 P. Vanillezucker

Außerdem
Puddingförmchen

Pro Portion ca. 816 kcal/3416 kJ,
11 g E, 54 g F, 70 g KH
Zubereitungszeit: ca. 40 Minuten
(plus Kühlzeit)

1. Das Agar-Agar mit 50 ml Milch verrühren. Die restliche Milch mit 150 ml Sahne aufkochen. Das Agar-Agar-Milch-Gemisch einrühren und alles unter Rühren etwa 3 Minuten köcheln lassen. Das Eigelb mit 40 g Zucker in eine Metallschüssel geben und schaumig aufschlagen. Langsam das Milch-Sahne-Gemisch einrühren. Die Schüssel auf einen Topf mit leicht köchelndem Wasser setzen, dabei darauf achten, dass der Topf nicht direkt mit dem Wasser in Berührung kommt. Die Eigelbmasse nun unter ständigem Rühren erhitzen, bis eine leicht cremige Bindung entsteht. Die Masse dann sofort durch ein feines Sieb passieren.

2. Die Schokolade fein hacken, ebenfalls in eine Metallschüssel geben und über dem leicht köchelnden Wasserbad schmelzen. Die Schokolade in die Eigelbmasse einrühren. Die Masse unter gelegentlichem Rühren lauwarm auskühlen lassen. 200 ml Sahne steif schlagen und unter die Schokomasse heben. Puddingförmchen mit kaltem Wasser ausspülen und die Masse einfüllen. Die Förmchen mit Folie bedecken und für mindestens 3 Stunden kalt stellen.

3. In der Zwischenzeit die Himbeeren pürieren und mit dem übrigen Zucker und 200 ml Wasser in einen Topf geben, aufkochen und bei mittlerer Hitzezufuhr köcheln lassen, bis sich der Zucker komplett aufgelöst hat. Den Zitronensaft unterrühren. Ein Sieb mit einem Küchentuch auslegen und den Sirup filtern. Die restliche Sahne mit dem Vanillezucker steif aufschlagen. Den Pudding stürzen und mit dem Himbeersirup und der Vanillesahne servieren.

Desserts

Italienisches
ERDBEER-TIRAMISU
FÜR 4 PORTIONEN

Zutaten

500 g Erdbeeren
250 g Magerquark
500 g Ricotta
1 P. Vanillezucker
50 g Zucker
200 ml frisch gepresster Orangensaft
100 g Löffelbiskuits

Außerdem
Form 28 x 18 cm

Pro Portion ca. 356 kcal/1491 kJ,
20 g E, 8 g F, 47 g KH
Zubereitungszeit: ca. 15 Minuten
(plus Kühlzeit)

1. Die Erdbeeren waschen und trocken tupfen. Die Stielansätze entfernen und die Früchte in Scheiben schneiden. Quark, Ricotta, Vanillezucker und Zucker cremig rühren.

2. Den Orangensaft in eine flache Schüssel füllen und die Löffelbiskuits beidseitig darin wenden. In einer Form eng nebeneinander auslegen. Die Ricottacreme darüber verstreichen. Die Erdbeeren überlappend daraufschichten. Zum Durchziehen 30 Minuten in den Kühlschrank stellen.

Desserts

ERDBEER**EIS**
am Stiel
FÜR 4 PORTIONEN

Zutaten

100 ml Sahne
150 g Erdbeeren
3 El Zucker
100 g Sahnejoghurt

Außerdem
Eis-am-Stiel-Förmchen (à 75 ml)
4 Eisstiele

Pro Portion ca. 117 kcal/490 kJ,
2 g E, 11 g F, 4 g KH
Zubereitungszeit: ca. 15 Minuten
(plus Gefrierzeit)

1. Die Sahne steif schlagen. Die Erdbeeren waschen, trocken tupfen und die Stielansätze entfernen. In einer Schüssel mit einer Gabel zu grobem Mus zerdrücken, anschließend den Zucker und den Sahnejoghurt unterrühren.

2. Die Sahne unterheben und die Masse in 4 Eis-am-Stiel-Förmchen (à ca. 75 ml Fassungsvermögen) füllen. Mit je einem Stiel versehen und mindestens 4 Stunden einfrieren.

TIPP
Das Eis schmeckt auch mit Himbeeren oder mit Mango wunderbar!

Desserts

ZITRONEN-CHEESECAKE

im Glas

FÜR 4 PORTIONEN

Zutaten

100 g Cantuccini
50 g weiche Butter
25 g Rohrzucker
2 Prisen Salz
2 Eier
60 g weißer Zucker
1 P. Vanillezucker
380 g Frischkäse
130 g Crème fraîche
Schale und Saft von
1 unbehandelten Zitrone

Außerdem

4 Gläser à 220 ml

Pro Portion ca. 767 kcal/3211 kJ,
19 g E, 63 g F, 32 g KH
Zubereitungszeit: ca. 30 Minuten
(plus Backzeit, Zeit zum Abkühlen und Kühlzeit)

1. Zuerst den Backofen auf 170 °C vorheizen. Für den Kuchenboden die Cantuccini in einen Frischhaltebeutel füllen, gründlich verschließen und mithilfe eines Fleischklopfers oder einer Pfanne fein zerbröseln. Zusammen mit der Butter, dem Rohrzucker und 1 Prise Salz zu einem Teig verkneten. Diesen vierteln und in die vorbereiteten Gläser als Kuchenboden einfüllen und andrücken.

2. Für die „Cheesecake"-Füllung zuerst die Eier mit weißem Zucker und Vanillezucker in einer Schüssel schaumig schlagen. Die zweite Prise Salz hinzufügen, ebenso wie Frischkäse, Crème fraîche und abgeriebene Zitronenschale und -saft. Alles zu einer geschmeidigen Creme verrühren und zu ⅔ in die Gläser auf den Kuchenboden füllen.

3. Mit Gummiringen und Glasdeckeln verschließen, in eine Auflaufform mit Wasser stellen und im Backofen ca. 40 Minuten im Wasserbad backen. Anschließend auf einem Kuchenrost auskühlen lassen und im Kühlschrank aufbewahren.

TIPP
Zum Servieren mit frischen Zitronenzesten garnieren.

 Desserts

REZEPTVERZEICHNIS